귀와 입이 열리는 영어 말하기

KB196050

귀와 입이 열리는 영어 말하기

초판 1쇄 발행 2024년 11월 14일

지은이 성동일
펴낸곳 (주)에스제이더블유인터내셔널
펴낸이 양홍걸 이시원

홈페이지 www.siwonschool.com
주소 서울시 영등포구 영신로 166 시원스쿨
교재 구입 문의 02)2014-8151
고객센터 02)6409-0878

ISBN 979-11-6150-913-6 13740
Number 1-010505-23232300-04

귀와 입이 열리는 영어 말하기

성동일 지음

S 시원스쿨닷컴

귀와 입이 열리는
영어 말하기

안녕하세요. 성동일입니다.

지난 22년간 수많은 학생과 성인분에게 영어를 가르치면서 제가 느낀 부분들을 이번 교재에 담아드렸습니다.

우리는 왜 영어로 말하지 못할까? 배우는 사람들 그리고 가르치는 사람들 모두 가지고 있는 의문점일 겁니다.

초등학교부터 길게는 대학교까지 10년이 넘는 기간에 우리는 학교에서 영어를 배우지만, 정작 영어로 말을 할 수 없는 경우가 많습니다.

왜일까요?

우리는 말을 연습한 것이 아니니까요.

문법으로 문제에 답을 찾는 연습을 많이 했지만, 우리가 배운 영어를 말로 뱉어내는 연습을 하지 않았다는 것이 제 생각입니다.

"be동사만 배워서 우리는 영어를 못해! 나는 아직 영어로 말하기엔 영어 실력이 부족해!!!"

지금까지 우리는 이렇게 생각했는지도 모릅니다.

하지만, 여러분 이제 사고를 조금만 전환해볼까요?

"be동사만 배워서 말을 못해가 아닌!! be동사를 배웠으니까, be동사로 만

들 수 있는 문장들은 다 말할 수 있어!!"

그 후에 나의 문장을 상대방이 알아들을 수 있을 정도의 스피킹 연습을 하신다면, 여러분 문법 조금만 아셔도!!! 영어로 말을 하실 수 있습니다!!

이 도서는 여러분들에게 회화에 필요한 필수 문법 17개를 다루고 있습니다. 공부가 아닌!!!!!!!!!!! 각 문법을 실제로 어떻게 사용해야 하는지 중점을 두고 있습니다.

그리고 여러분들이 문장을 말로 하실 때! 상대방이 알아들을 수 있을 스피킹 완성을 위해 스피킹 팁을 알려드립니다.

여러분의 스피킹이 개선된다면, 듣기 또한 개선된다는 사실!!!

이제 22년 경험의 저 성동일과 함께!! 영어 스피킹을 마스터해 보시길 추천해 드립니다.

Never give up
find the way
that's what
winners do.

Speaking Tip 10가지

우리가 영어로 말할 때!
쉬운 문장을 완벽한 문법으로 말했는데!!
상대방이 못 알아듣는 경우????
우리의 자신감은 더욱 낮아집니다.
이러한 문제에서 여러분들에게 해결책을 드리기 위해 Speaking
Tip 몇 가지를 알려드립니다.

Speaking Tips

1 be동사가 중요한 역할을 하지 않는다면, 앞의 단어와 붙여서
speak

2 전치사는 주로 앞 단어 또는 뒤 단어와 붙여서 speak

3 T가 연음이 되면, 'ㄹ'로 speak 해주셔야 합니다.

4 D 가 연음이 되면, 'ㄹ'로 speak 해주셔야 합니다.

5 K 가 연음이 되면, 'ㄲ'로 speak 해주셔야 합니다.

6 Have p.p 현재완료의 have는 주로 주어와 합쳐서 '-'ve' 로
speak

7 숫자는 항상 중요하니 아주 clear 하게 speak 해주세요

8 이것도 저것도 스피킹 팁이 잘 기억이 안 난다면, 문장에서
중요한 부분에 스트레스 주면서 speak 해주셔도 좋은 리듬
감이 생깁니다.

9 문장이 길어지면, 무조건 빨리 speak 하는 것 보다 의미상 끊어도 되는 곳에서 pause를 주면서 speak 해주시면, 훨씬 유창하고 리듬감이 생깁니다. Ex. to부정사

10 문장을 simple 하게 만드는 것이 쉬운 영어가 아닙니다. 간단하게 할 수 있는 문장들을 간단하게 하는 것이 좋다는 사실!!

EX. 나는 다른 나라를 여행하고 싶습니다. 그래서 영어를 배웁니다.

→ I want to travel around other countries. So, I study English.

→ I like traveling so I study English.

이런 식으로 간단하게 문장을 하는 것이 좋다는 사실!

---

* 만약에 내가 원하는 문장을 완벽하게 만드는 것에 시간을 너무 소요한다면, 그래서 여러분의 스피킹이 느려지고 자신감이 없어진다면, 두 번째 문장처럼 간단하게 말씀하시길 추천해 드립니다.

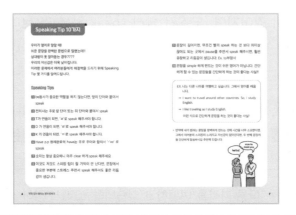

우리의 영어 자신감을 높여 줄 Speaking Tip 10가지 장착하기

Day 마다 배울 핵심 내용을 한눈에 파악하기 쉽게 정리하였습니다. 학습하기 전 〈배울 내용 미리보기〉를 통해 주요 내용을 먼저 확인할 수 있습니다.

각각의 패턴을 평서문, 부정문, 의문문 포인트만 쏙쏙 골라 담은 설명과 예문으로 이해하기 쉽게 정리하였습니다. 〈영어 발음 튜닝하기〉에서 예문을 활용하여 "원어민"처럼 발음하는 speaking tip을 가득 담은 발음 튜닝 비법을 알려드립니다.

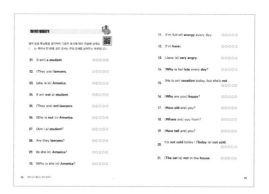

〈영어 발음 튜닝하기〉를 통해 익힌 팁을 가지고 이번에는 〈원어민 발음되기〉에 도전해 봅니다. 성동일 선생님의 꿀보이스로 녹음한 음원을 들으며 따라하며 패턴도 익히고 원어민스러운 발음도 함께 챙겨가세요.

〈회화로 말문트기〉는 누구나 고개가 끄덕여지는 현실적이고 일상적인 대화로 구성되었습니다. 17개의 일상 생활 대화 상황을 통해 서로 주고받는 말의 흐름을 느끼며 입으로 연습하면서 일상에서 많이 사용하는 표현에 익숙해지세요.

〈회화 마스터하기〉는 앞에서 나온 현실 반영 100% 대화문을 완벽하게 내 것으로 만드는 부분입니다. QR을 통해 원어민들의 롤플레이를 듣고, 빈칸에 들어갈 말을 직접 해보면서 마치 지금 "내가 외국인 친구"와 대화를 하고 있는 상황인 것처럼 연습해보세요.

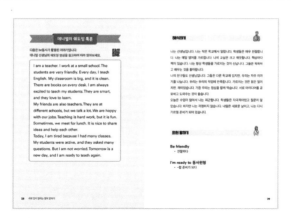

성동일 선생님의 또 다른 이름 바로 "데니얼",
쉐도잉을 하며 원어민의 호흡, 발음, 강세 등을 완벽 복사하며 키운 영어
스피킹 실력
각 Day의 패턴을 활용한 스토리로 쉐도잉 특훈을 시작해 볼까요?
스토리에 나오는 낯선 표현도 배우고, speaking tip을 실전에 적용해 보며
여러분의 영어 말하기 실력을 한 단계 확장해 보세요. 아! QR속 쉐도잉
영상은 꼭 확인해 주세요.

목차

상태나 위치를 표현하는 Be동사

🎯 학습 목표 확인하기

- be동사의 쓰임을 마스터합니다.
- be동사의 평서문, 부정문, 의문문을 마스터합니다.
- be동사가 들어간 문장의 핵심 발음 팁을 마스터합니다.

  - 주어+be동사 붙이기
  - 주어+be동사+전치사 연결하여 한 호흡 발음

미리보기 ❶ 나는 학생입니다.
I am a student.

미리보기 ❷ 그들은 변호사가 아닙니다.
They are not lawyers.

미리보기 ❸ 그녀는 미국에 있습니까?
Is she in America?

지긋지긋한 be동사.

하지만 언제 쓰이는지 정확히 알지 못해 제대로 활용하지

못하는 be동사

이제는 확실하게 be동사 쓰임! 알아가자구요!

I	⬤━⬤	Am
You	⬤━⬤	Are
He/She/It	⬤━⬤	Is

I am a student.	나는 학생입니다.
They are lawyers.	그들은 변호사입니다.
She is in America.	그녀는 미국에 있습니다.

be동사는 상태나 위치에서 사용합니다. 내가 지금 어떤 상태이고, 내 직업이 무엇인지, 그리고 내가 지금 어디에 있는지 표현할 때 사용합니다. be동사만 단독으로 사용할 때는 'location'이 초점이 됩니다. 즉, '어디에 있다' 이 사실이 굉장히 중요합니다.

더 알아보기

셀 수 있는 단수 명사 앞에는 'a'

셀 수 있는 복수 명사 뒤에는 -(e)s

장소 앞에 전치사 at, it, on

대표적인 장소 전치사는 in

- A book is in the bag.
- The dogs are in the park.
- She is in the kitchen.

I am a student.

be동사가 중요한 역할을 하지 않으면, 주어와 be동사를 붙여서 발음합니다. 'I am'은 '아이 엠'이 아니라 **'아임'** 또는 **'암'**이라고 발음됩니다. 여기에 'a'도 붙여서 발음하면, 'I am a'는 **'아머'**로 발음됩니다. 전체 문장에 적용해 보면, **'암어 스뜌던트'**로 발음하는 것이 자연스럽습니다. 한가지 더 팁을 드리면, 't, p, k'가 단어 중간에 온다면, 발음은 'ㅌ, ㅍ, ㅋ'가 아니라 'ㄸ, ㅃ, ㄲ'로 발음됩니다.

They are lawyers.

'They' 와 'are'를 따로 발음하지 않고 자연스럽게 연결하여, **'데얼'**로 발음합니다. 이때, 'They'의 끝소리인 'y'와 'are'의 시작 소리인 'a'가 연결되어 하나의 단어처럼 들리는 것이 포인트입니다.

She is in America.

'she, is, in'을 붙여서, **'쉬즈인'**이라고 말합니다. 'America'에서는 리듬감과 스트레스가 중요합니다. 'America'는 '어메리카'로 발음하는 것이 아니라 **'어메리까-'**로 들리게 되는데, 이때, '어' 발음은 거의 들릴 듯 말 듯 발음하면서 '메'를 강하게 스트레스를 주면서 리듬감을 만들어 발음을 하면 원어민스러운 발음이 됩니다.

부정문 말하기

I am not a student.	나는 학생이 아닙니다.
They are not lawyers.	그들은 변호사가 아닙니다.
She is not in America.	그녀는 미국에 있지 않습니다.

부정문은 be동사 뒤에 'not'을 붙여 만들 수 있습니다. 주어와 be동사는 줄여서 사용하는 경우가 많습니다. 'I'm, You're, He's, She's' 이렇게 줄여서 사용을 하고 그 뒤에 바로 not이 붙습니다.

- **I'm** not a student.
- **They're** not a student.
- **She's** not in America.

🔍 더 알아보기

- A book isn't (=is not) in the bag.
- The dogs aren't (=are not) in the park.
- She isn't (=is not) in the kitchen.

단, 'am not'을 축약하는 것은 불가합니다.

I am not a student.

부정문에서 'not'은 **꾸욱 눌러** 발음하며 뒤에 'a'를 붙여 발음하면 '나러'로 소리 고리를 만들어 발음해야 합니다. 팁을 적용하여 전체 문장을 발음하면 '암 나러 스뜌던트'로 부드럽게 발음됩니다.

They are not lawyers.

'lawyer'에 'l'은 한국어에 'ㄹ'과 다릅니다. 'L' 발음을 할 때는 혀 끝을 윗잇몸에 살짝 대고, 혀 옆으로 공기를 내보내면서 가볍게 소리를 냅니다. 이렇게 하면 '라' 또는 '러'처럼 소리가 나게 됩니다. 'Lawyers'의 경우 앞부분인 'law'는 '라' 또는 '러'로 발음되고, 뒤에 이어지는 'yers'는 '이어스'처럼 소리가 나면서 연결됩니다. 따라서 'lawyers'를 전체적으로 '라이어스' 또는 '로이어스'로 발음이 되는데, 문장안에서 빠르게 발음이 될 때는 '라열스' 또는 '러열스'로 발음이 됩니다.

She is not in America.

'she is in'은 '쉬즈인' 이렇게 소리 고리를 형성합니다. 이 소리 고리에 '낱'을 넣어 '쉬즈 낱 인'으로 발음되지만, 문장 안에서 빠르게 발음 되면, '쉬즈 나 린 어메리까-'로 소리가 나오게 됩니다. 이때, '어'소리를 작게 내야 하는데, 만약 그것이 어렵다면 과감하게 한 번 발음하지 않고 '메리까-'로 길게 소리를 연결하면 원어민스러운 영어 발음을 하실 수 있습니다.

의문문 말하기

Am I a student?	나는 학생입니까?
Are they lawyers?	그들은 변호사입니까?
Is she in America?	그녀는 미국에 있습니까?

의문문은 be동사와 주어의 위치를 바꾸어 만들면 됩니다. be동사를 문장 맨 앞으로 보낸 후, 주어를 바로 그 뒤에 놓으면 의문문이 완성됩니다. be동사 의문문에 대답할 때는 먼저 'Yes' 또는 'No'로 시작하고, 그 뒤에 주어와 be동 사를 사용합니다. 예를 들어, 'Are they lawyers?'의 질문에 긍정적으로 답할 때는 'Yes, they are.'라고 하고, 부정적으로 답할 때는 'No, they aren't'라고 표현합니다.

 더 알아보기

'언제(when), 어디서(where), 무엇을(what), 어떻게(how), 왜(why)'를 나타내는 의문사를 활용하여 의문문을 만들 때는 의문사를 be동사 앞 에 두는 것이 원칙입니다.

- Is she in America? → **Why is she in America?**

  (그녀는 왜 미국에 있습니까?)

Am I a student?

평서문에서 'I am a'는 '아머'로 소리가 연결됩니다. 반면, 의문문에서는 'Am I'가 '에마이어'로 부드럽게 소리가 이어지며, 한 호흡으로 자연스럽게 연결됩니다. 'student'에서 중간에 있는 't'소리는 된소리로 강하게 발음되어 'ㄸ'처럼 들리며, '스뚜던트'로 발음되면서 '뚜'에 강세가 있습니다.

Are they lawyers?

'Are they'는 '알데이'로 소리를 만들어 내지만, '알' 부분에 강세를 주고, 뒤에 나오는 '데이'는 소리를 약하게 줄여 발음합니다. 전체 문장은 '알데이 러열스?' 또는 '알데이 라열스?'로 빠르게 한 호흡으로 발음이 됩니다.

Is she in America?

'Is she'는 '이쉬인'라고 붙여서 발음합니다. 예를 들어, 'Is she in America?'는 '이쉬인 어메리까-?'라고 발음하면 더 자연스럽게 들립니다. 하나 더 스피킹 팁을 드리면 'America'에서 액센트를 정확하게 주기 위해, 앞의 'a'를 빼고 발음해도 괜찮습니다. 이렇게 해도 자연스럽게 발음한 것처럼 들립니다.

원어민 발음되기

영어 발음 튜닝법을 생각하며 다음의 표시에 따라 연습해 보세요.
( )는 묶어서 한 번에, 굵은 글씨는 문장 강세를 살려주는 부분입니다.

01. (I am) **a student.**　　　　　○○○○○

02. (They are) **lawyers.**　　　　　○○○○○

03. (she is in) **America.**　　　　　○○○○○

04. (I am **not** a) **student.**　　　　　○○○○○

05. (They are) **not lawyers.**　　　　　○○○○○

06. (She is **not** in) **America.**　　　　　○○○○○

07. (Am I a) **student**?　　　　　○○○○○

08. Are they **lawyers**?　　　　　○○○○○

09. (Is she in) **America**?　　　　　○○○○○

10. (Why is she in) **America**?　　　　　○○○○○

11. (I'm full of) **energy** every day. ○ ○ ○ ○ ○

12. (I'm **here**). ○ ○ ○ ○ ○

13. (Jane is) **very angry**. ○ ○ ○ ○ ○

14. (**Why** is he) **late** every **day**? ○ ○ ○ ○ ○

15. (He is on) **vacation** today, but she's **not**.
    ○ ○ ○ ○ ○

16. (**Why** are you) **happy**? ○ ○ ○ ○ ○

17. (**How old** are) you? ○ ○ ○ ○ ○

18. (**Where** are) you from? ○ ○ ○ ○ ○

19. (**How tall** are) you? ○ ○ ○ ○ ○

20. It's **not cold** today / (**Today** is) **not cold**.
    ○ ○ ○ ○ ○

21. (**The cat** is) **not** in the **house**. ○ ○ ○ ○ ○

일상 대화 속에서 말의 흐름을 따라가며 영어 발음 튜닝 팁을 생각하며 연습
해 보세요.

 I am Tom. I came from Korea.
나는 톰입니다. 한국에서 왔지요.

 Nice to meet you. I am Jane. I came from the United States.
반갑습니다 저는 Jane입니다. 저는 미국에서 왔습니다.

 How old are you?
당신은 몇 살인가요?

 I am 21 years old. Why did you come here?
저는 21살입니다. 당신은 여기에 왜 왔나요?

 I came here because of English. This place is very famous.
저는 여기에 영어 때문에 왔습니다. 여기는 아주 유명한 곳입니다.

 Why is this place famous?
여기가 왜 유명하지요?

 Ah~ the teachers here are excellent. Why did you come here?
아~ 여기는 선생님이 아주 훌륭합니다. 당신은 여기에 왜 오셨지요?

I came here for business. It is not easy to get a job.

저는 여기에 일 때문에 왔습니다. 일을 구하는 것이 쉽지 않습니다.

 I see. What kind of business are you doing here?

아, 그렇군요. 여기서 어떤 일을 하고 계신가요?

 I'm in the tech industry, developing software for companies.

저는 테크 업계에 있고, 회사들을 위한 소프트웨어를 개발하고 있습니다.

 That sounds interesting. Is it going well?

흥미롭네요. 일은 잘 되고 있나요?

 It's challenging, but I'm learning a lot. How about your English studies?

쉽지 않지만, 많이 배워가고 있습니다. 영어 공부는 어떻게 되고 있나요?

 It's going well, but speaking is still difficult for me.

나쁘지 않지만, 회화는 아직도 어렵습니다.

 Don't worry, practice makes perfect. Keep trying!

걱정하지 마세요, 연습하면 완벽해질 거예요. 계속해요!

 Thank you! I'll keep practicing.

감사합니다! 계속해 볼게요.

단어 배우기

For business 사업차, 일 때문에   Get a job 직업을 얻다

회화 마스터하기

원어민들의 롤플레이를 듣고, 빈칸에 들어갈 말을 완성해 보세요.

I am Tom. I came from Korea.
나는 톰입니다. 한국에서 왔지요.

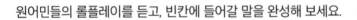

반갑습니다 저는 Jane입니다. 저는 미국에서 왔습니다.

How old are you?
당신은 몇 살인가요?

저는 21살입니다. 당신은 여기에 왜 왔나요?

I came here because of English. This place is very famous.
저는 여기에 영어 때문에 왔습니다. 여기는 아주 유명한 곳입니다.

여기가 왜 유명하지요?

Ah~ the teachers here are excellent. Why did you come here?
아~ 여기는 선생님이 아주 훌륭합니다. 당신은 여기에 왜 오셨지요?

저는 여기에 일 때문에 왔습니다. 일을 구하는 것이 쉽지 않습니다.

I see. What kind of business are you doing here?

아, 그렇군요. 여기서 어떤 일을 하고 계신가요?

저는 테크 업계에 있고, 회사들을 위한 소프트웨어를 개발하고 있습니다.

That sounds interesting. Is it going well?

흥미롭네요. 일은 잘 되고 있나요?

쉽지 않지만, 많이 배워가고 있습니다. 영어 공부는 어떻게 되고 있나요?

It's going well, but speaking is still difficult for me.

나쁘지 않지만, 회화는 아직도 어렵습니다.

걱정하지 마세요, 연습하면 완벽해질 거예요. 계속해요!

Thank you! I'll keep practicing.

감사합니다! 계속해 볼게요.

다음은 be동사가 활용된 이야기입니다.
데니얼 선생님의 쉐도잉 영상을 참고하여 따라 읽어보세요.

I am a teacher. I work at a small school. The students are very friendly. Every day, I teach English. My classroom is big, and it is clean. There are books on every desk. I am always excited to teach my students. They are smart, and they love to learn.

My friends are also teachers. They are at different schools, but we talk a lot. We are happy with our jobs. Teaching is hard work, but it is fun. Sometimes, we meet for lunch. It is nice to share ideas and help each other.

Today, I am tired because I had many classes. My students were active, and they asked many questions. But I am not worried. Tomorrow is a new day, and I am ready to teach again.

나는 선생님입니다. 나는 작은 학교에서 일합니다. 학생들은 매우 친절합니다. 나는 매일 영어를 가르칩니다. 나의 교실은 크고 깨끗합니다. 책상마다 책이 있습니다. 나는 항상 학생들을 가르치는 것이 신납니다. 그들은 똑똑하고 배우는 것을 좋아합니다.

나의 친구들도 선생님입니다. 그들은 다른 학교에 있지만, 우리는 자주 이야기를 나눕니다. 우리는 우리의 직업에 만족합니다. 가르치는 것은 힘든 일이지만, 재미있습니다. 가끔 우리는 점심을 함께 먹습니다. 서로 아이디어를 공유하고 도와주는 것이 좋습니다.

오늘은 수업이 많아서 나는 피곤합니다. 학생들은 자극적이었고 질문이 많았습니다. 하지만 나는 걱정하지 않습니다. 내일은 새로운 날이고, 나는 다시 가르칠 준비가 되어 있습니다.

표현 말하기

Be friendly
• 친절하다

I'm ready to 동사원형
• ~할 준비가 되다

존재의 포커스 There is/are

🎯 학습 목표 확인하기

- There is/are의 쓰임을 마스터합니다.
- some/any 사용법을 익힙니다.
- 가산 명사와 불가산 명사를 구분합니다.
- double R 스피킹 팁을 익힙니다.
  - 'There are' 한 호흡으로 발음

미리보기 ① 도로에 차가 한 대 있다.

There is a car on the road.

미리보기 ② 도로에 차가 한 대도 없다.

There are not any cars on the road.

미리보기 ③ 도로에 차가 좀 있나요?

Are there any cars on the road?

be동사는 위치에 집중!

have 동사는 소유에 집중!

그렇다면

There is/are는?

'존재에 집중'하는 표현입니다.

There **is**	●━━━●	단수 명사
There **are**	●━━━●	복수 명사

평서문 말하기

There is **a car on the road.**	도로에 차가 한 대 있다.
There are **some cars on the road.**	도로에 차가 좀 있다.
There is **some water.**	물이 좀 있다.

'차 한 대가 있다'를 영어로 표현할 때, 보통 동사 'have'를 먼저 떠올리지만, '~이 있다, 없다'를 표현할 때는 'There is / are'를 사용하는 것이 좋습니다. 'There is/are' 표현은 존재에 집중하기 때문에 'I have a car'보다는 'There is a car'처럼 말하는 것이 자연스러운 표현입니다.

 더 알아보기

There is / are → **존재**에 집중

be동사 → **위치**에 집중

have → **소유**에 집중

- **There is** a book on the table.
- The car **is** in the garage.
- I **have** a new laptop.

There is a car on the road.

'There is'는 '데얼 이즈'로 각각의 단어를 나누어 발음하기보다는, 두 단어를 붙여서 '데얼즈'처럼 발음하는 것이 더 원어민스러운 발음입니다. 이때 'is'를 길게 발음하지 않고, 빠르고 짧게 발음해야 합니다. 즉, 'I' 소리가 거의 들리지 않고 '즈' 소리처럼 짧게 처리됩니다. 이렇게 발음하면 더욱 자연스럽게 들립니다.

There are some cars on the road.

'There are'는 각각을 따로 '데얼 알'로 발음하지 않고 '데얼'로 이어서 발음합니다. 'There'에서 'r' 소리가 있고 'are'에도 'r'소리가 바로 붙어서 나오기 때문에 'r'소리를 한 번만 살려 자연스럽고 길게 연결하는 것이 중요합니다.

There is some water.

'some water'에서 'some'은 짧고 가볍게 '썸'으로 발음되며, 'water'는 '워터'가 아닌, 미국식 굴러가는 소리로 발음하면 '워러'로 발음합니다. 특히 't' 소리는 부드럽게, 마치 'ㄹ' 소리처럼 들리게 처리하고 뒤에 이어지는 'er'는 'r' 소리를 살려서 발음합니다. 따라서 전체적으로 '데얼즈 썸 워러' 또는 '데얼 썸 워러'처럼 부드럽게 이어서 발음하면 자연스럽게 들립니다.

부정문 말하기

There is not a car on the road.	도로에 차가 한 대도 없다.
There are not any cars on the road.	도로에 차가 좀 없다.
There is not any water.	물이 좀 없다.

특정 대상이나 사물이 존재하지 않는 상황을 표현 할 때, There is/are 부정문을 사용합니다. There is/are의 부정문은 be동사 뒤에 not을 붙여 만듭니다. 'is not'은 'isn't', 'are not'은 'aren't'로 줄여서 사용할 수 있습니다. 또한, 부정문에서 'any'를 사용하여 수량을 강조할 수 있습니다.

- There isn't a car on the road.
- There aren't any cars on the road.
- There isn't any water.

🔍 더 알아보기

- There are some cars on the road.
- There are not any cars on the road.

우리나라 말에 '좀'은 영어로 'some'으로 표현하지만, 부정문 또는 의문문에서는 'any'로 바꾸어 사용합니다.

There is not a car on the road.

'not'은 '낫'이 아니라 짧고 분명하게 '낟'으로 발음합니다. 이때 't' 소리가 잘 들리도록 혀끝을 윗잇몸에 살짝 대고 딱 끊어주는 것이 포인트입니다. 'a car'의 경우, 'a'는 아주 짧고 약하게 발음하면서 'car'와 자연스럽게 이어집니다. 'car'는 '카알'로 소리가 나는데, 'r' 소리를 낼 때 혀를 뒤로 약간 말아 올리며 발음하는 것이 핵심입니다. 따라서 'not a car' 부분을 연결해서 발음하면 '나러 카알'처럼 자연스럽게 이어집니다.

There are not any cars on the road.

'any'는 '애니'처럼 발음하는데, 이때 'a'는 짧게 발음하고 'n' 소리를 부드럽게 이어갑니다. 뒤에 나오는 'cars'는 앞서 나설명한 'car'의 '카알' 발음에 '쓰' 소리를 추가하여 힘을 빼고 연결합니다. 즉, '카알'에서 's'소리를 가볍게 내면서 '쓰'처럼 들리도록 하는 것이 좋습니다. 이 팁을 적용하면 '애니 카알쓰'처럼 부드럽게 연결해서 발음할 수 있습니다.

There is not any water.

'There is not'을 '데얼즈 낟'으로 부드럽게 연결해도 좋지만 더 자연스럽게 발음하려면 'isn't'을 붙여서 '이즌트'로 발음하는 것이 좋습니다. 이때, '트'는 짧고 약하게 소리를 내어 '델이즌트'로 부드럽게 연결합니다. 전체 문장을 부드럽게 연결하면 '델이즌트 애니 워러'처럼 부드럽게 연결해서 발음하면 원어민처럼 들릴 수 있습니다.

의문문 말하기

Is there **a car on the road?**	도로에 차가 한 대 있나요?
Are there **any cars on the road?**	도로에 차가 좀 있나요?
Is there **any water?**	물이 좀 있나요?

There is/are 의문문을 만들 때는 be동사가 주어 앞에 오도록 순서를 바꾸면 됩니다. 즉, is 또는 are를 문장 맨 앞에 위치시키면 됩니다. 예를 들어, 'There is a car.'라는 평서문을 의문문으로 만들면, 'Is there a car on the road?'가 됩니다.

 더 알아보기

구체적인 양이나 구체적인 개수를 물어볼 때는, '**How many 복수명사~?**' 또는 '**How much 셀 수 없는 명사~?**'를 사용합니다

- **How many people** are there in your family?
- **How much water** is there in the cup?

Is there a car on the road?

'Is there'를 천천히, 각 단어를 분리해서 발음하면 '**이즈 데얼**'처럼 발음하지만, 두 단어를 자연스럽게 이어서 발음하면 '**이즈델어**'처럼 들리게 됩니다. 'on the road'는 '**언 더 로우드**'로 부드럽게 연결되며, 'on'은 '**언**'처럼, 'road'는 '**로우드**'로 발음하면 자연스러운 발음이 됩니다.

Are there any cars on the road?

원어민들이 'Are there any'를 빠르게 말할 때, 단어들이 자연스럽게 붙어서 발음이 되는데, 이때, 'Are there'가 붙어서 '**알델**'처럼 들리게 됩니다. 전체를 한 호흡으로 연결하면 '**알델 애니 카알쓰 안 더로우드?**'로 원어민스러운 발음을 가질 수 있습니다.

Is there any water?

'Is there'는 앞서 설명해 드린 것처럼, 원어민스럽게 발음하려면 '이즈'와 '데얼'를 빠르게 붙여서 '**이즈델어**'로 자연스럽게 연결하여, '**이즈델어 애니 워러?**'로 부드럽게 이어서 발음하면 원어민스럽게 들립니다.

원어민 발음되기

영어 발음 튜닝법을 생각하며 다음의 표시에 따라 연습해 보세요.
( )는 묶어서 한 번에, 굵은 글씨는 문장 강세를 살려주는 부분입니다.

01. (There is a) **car** on the **road**. ○○○○○

02. (There are) some **cars** on the **road**. ○○○○○

03. (There is) **not** a **car** on the **road**. ○○○○○

04. (There is) **not** a **car** on the **road**. ○○○○○

05. (There are) **not** any **cars** in the **road**. ○○○○○

06. (There are) **no cars** on the **road**. ○○○○○

07. (Is there a) **car** on the **road**? ○○○○○

08. **Are there** any **cars** on the **road**? ○○○○○

09. (**How many people**) (are there) (in your **family**)? ○○○○○

10. (**How much water**) (is **there**) (in the **cup**)? ○○○○○

11. (There is a) **sofa** in my **house**. It is **very/too small**. ○○○○○

12. (There are) **4 seats** (in her **car**). Her car is **very big**. ○○○○○

13. (There is **no**) **water** (in the **cup**). **I'm thirsty**. ○○○○○

14. A: **Are there** any **good apartments** (around) **here**?
    B: **Yes,** (there are) **many**. ○○○○○

15. (There are) **many problems** (in my **life**). So, I'm **very busy**. ○○○○○

16. (There are) **many beautiful places** (in my **country**). But **not** in my **neighborhood**. ○○○○○

17. (**How many rooms**) (are there) (in their **house**)?
    (There are) 5 **rooms** (in their **house**). ○○○○○

18. (There is) **no information** about the **project** on my **computer**. But (there's a **lot**) on her **computer**. ○○○○○

19. (**How many eggs**) (are there) (in the **fridge**)?
    (There are) **no eggs** in the **fridge** but some **milk**. ○○○○○

20. (**How many people**) (are there) (in your **family**)?
    (There are) 6 **people** (in my **family**). ○○○○○

일상 대화 속에서 말의 흐름을 따라가며 영어 발음 튜닝 팁을 생각하며 연습
해 보세요.

Hello. I'm Daniel.
안녕하세요. 저는 다니엘이에요.

Oh yes, nice to meet you. How can I help you?
아 네, 만나서 반가워요. 무엇을 도와드릴까요?

I'd like an apartment. Is there any good one around here?
아파트에 관심이 있어서요. 혹시 이 주변에 괜찮은 아파트가 있나요?

Yes, there is a good apartment. But it's a little too expensive.
네, 좋은 아파트가 있어요. 근데 많이 비싸요.

It's fine I'm rich. How big is it?
괜찮아요 저는 부자예요. 얼마나 큰 가요?

It's about sixty 평 and there are five rooms.
60평정도 됩니다. 방은 총 5개고요.

How many bathrooms are there?
화장실을 몇 개인가요?

Yes, three bathrooms.
네, 세 개입니다.

 Sounds good. How much is this apartment?
좋네요. 아파트는 얼마인가요?

 Oh, it's 700.000.000 won.
7억입니다.

 Oh, that's too expensive. I'm rich but I'm frugal.
어, 그건 너무 비싸네요. 전 부자지만 짠돌이에요.

 Yes, there is a 10 percent discount. Don't worry.
네, 10 퍼센트 할인이 있습니다. 걱정하지 마세요.

 Great. I'll take this apartment.
좋아요. 이 아파트 계약할게요.

단어 배우기

frugal. 절약하는, 검소한   take 사다

회화 마스터하기

원어민들의 롤플레이를 듣고, 빈칸에 들어갈 말을 완성해 보세요.

Hello. I'm Daniel.
안녕하세요. 저는 다니엘이에요.

아 네, 만나서 반가워요. 무엇을 도와드릴까요?

I'd like an apartment. Is there any good one around here?
아파트에 관심이 있어서요. 혹시 이 주변에 괜찮은 아파트가 있나요?

네, 좋은 아파트가 있어요. 근데 많이 비싸요.

It's fine I'm rich. How big is it?
괜찮아요 저는 부자예요. 얼마나 큰 가요?

60평정도 됩니다. 방은 총 5개고요.

How many bathrooms are there?
화장실을 몇 개인가요?

네, 세 개입니다.

Sounds good. How much is this apartment?
좋네요. 아파트는 얼마인가요?

7억입니다.

Oh, that's too expensive. I'm rich but I'm frugal.
어, 그건 너무 비싸네요. 전 부자지만 짠돌이에요.

네, 10 퍼센트 할인이 있습니다. 걱정하지 마세요.

Great. I'll take this apartment.
좋아요. 이 아파트 계약할게요.

다음은 There is/are 패턴이 활용된 이야기입니다.
데니얼 선생님의 쉐도잉 영상을 참고하여 따라 읽어보세요.

There is something beautiful in the simple moments of life. When we pause and look around, there is always something new to discover. There are birds singing, and there is a soft breeze touching our skin.

We often think there isn't any time to slow down. But there is always time if we make it. There are moments of peace waiting for us each day, and there is calm in the simplest actions, like sipping tea or taking a walk.

There are people around us who bring joy, even if we don't always notice. How many people brighten our day with just a smile? Life may feel busy, but there is beauty in each moment, and there are endless opportunities to appreciate it.

삶의 단순한 순간들에는 아름다움이 있습니다. 우리가 잠시 멈추고 주위를 둘러보면, 항상 새로운 무언가를 발견할 수 있습니다. 새들이 노래하고 있고, 부드러운 바람이 우리의 피부를 스치고 있습니다. 우리는 종종 속도를 늦출 시간이 없다고 생각합니다. 하지만 시간을 만들면 언제나 여유가 있습니다. 매일 우리를 기다리는 평온의 순간들이 있고, 차 한 잔을 마시거나 산책을 하는 순간에도 고요함은 존재합니다. 주변에는 우리에게 기쁨을 주는 사람들이 있습니다, 비록 우리가 항상 알아채지는 못할지라도요. 몇 명의 사람들이 단지 미소만으로 우리의 하루를 밝게 만들어줄까요? 삶은 바쁘게 느껴질 수 있지만, 각 순간에는 아름다움이 있고 그것을 감사할 기회는 끝없이 존재합니다.

표현 말하기

In the simple moments of life.
- 삶의 단순한 순간들에

Slow down
- 늦추다

There is beauty in each moment.
- 각 순간에는 아름다움이 있습니다.

문장의 성격을 바꿔주는 조동사, Can

🎯 학습 목표 확인하기

- 조동사 can의 쓰임을 마스터합니다.
- 조동사 can의 평서문, 부정문, 의문문을 마스터합니다.
- 조동사 can 들어간 문장의 핵심 발음 팁을 마스터합니다.

  • can vs. can't

미리보기 ❶
나는 영어를 말할 수 있다.
I can speak English.

미리보기 ❷
그녀는 영어를 말할 수 없다.
She can't speak English.

미리보기 ❸
그녀는 영어를 말할 수 있나요?
Can she speak English?

문장의 분위기와 성격을 바꿔주는

역할을 하는 조동사

일사에서 우리가 자주 사용하는 조동사

Can!

Can / Can't+동사원형 ━● 능력
━● 허가

평서문 말하기

I can speak **English.**	나는 영어를 말할 수 있다.
She can speak **English.**	그녀는 영어를 말할 수 있다.
They can speak **English.**	그들은 영어를 말할 수 있다.

조동사는 문장의 성격이나 분위기를 바꿔주는 역할을 합니다. 쉽게 말해, 문장의 mood를 조절하는 것이 조동사입니다. 우리가 처음 배우는 조동사는 여러 조동사 중 하나인 'can'으로, '~할 수 있다'는 의미를 나타냅니다. can 뒤에는 반드시 동사원형이 와야 한다는 점을 기억하세요. 예를 들어, 'I can speak English'에서 조동사 'can' 뒤에 'speak'라는 동사원형이 오는 것이 그 예입니다.

🔍 더 알아보기

'능력'을 말할 때, 'can' 대신 'be able to 동사원형'으로 바꾸어서 사용할 수 있습니다.

- I **am able to speak** English.
- She **is able to speak** English.
- They **are able to speak** English.

I can speak English.

위의 예문에서 주의해야 할 부분은 'can'의 발음입니다. 흔히 우리가 '~할 수 있다'의 의미로 'can'을 '캔'처럼 발음하지만, 원어민들은 이 단어를 '**껀**'처럼 흐리고 약하게 발음합니다. 'can'을 강조하지 않고 뒤에 오는 동사를 더 강조해서 발음해야 더 자연스럽고 원어민스럽게 들립니다.

She can speak English.

'speak'에서 'p'소리는 'ㅍ'가 아닌 된소리로 강하게 'ㅃ'로 발음하는 것이 더 자연스럽습니다. 즉, 'She can speak'를 '**쉬 껀 스뻬크**'로 연결해서 발음하는 것이 더욱 자연스럽게 들립니다.

They can speak English.

'English'는 많은 사람들이 '잉굴리쉬이'처럼 발음하지만, 원어민들 발음은 '잉-글리쉬'로 발음되며 또한, '-sh-'는 '쉬이'처럼 길게 발음하지 않고, 바람 소리처럼 짧게 '쉬'로 발음됩니다. 앞에 동사와 자연스럽게 연결하면 '**스뻬크 잉-글리쉬**'로 발음되며 전체 문장은 '**데이 껀 스뻬크 잉-글리쉬**'로 'They, Speak, English'에 강세와 리듬을 주어 발음을 하면 더 자연스럽게 들립니다.

부정문 말하기

I cannot speak English.	나는 영어를 말할 수 없다.
She cannot speak English.	그녀는 영어를 말할 수 없다.
They cannot speak English.	그들은 영어를 말할 수 없다.

조동사 can을 사용한 문장을 부정문으로 바꿀 때, 'not'의 위치가 중요합니다. 'not'은 조동사 바로 뒤에 위치해야 하며, 조동사는 주어의 인칭에 영향을 받지 않습니다. 따라서 긍정문이든 부정문이든 조동사의 기본 형태는 변하지 않습니다. 예를 들어, 'I cannot speak English.'와 같이 간단하게 부정문을 만들 수 있습니다. 이때 부정문에서도 조동사 뒤에는 반드시 '조동사+not' 뒤에 오는 동사는 원형의 형태로 와야합니다. 추가로 'cannot'은 'can't'로 사용하는 것이 조금 더 일반적입니다.

- I can't(=can not) speak English.
- She can't(=can not) speak English.
- They can't(=can not) speak English.

I cannot(=can't) speak English.

'cannot'은 '캔 낫'처럼 두 단어로 나누어 발음하지 않고, 하나의 단어처럼 '캐낫'으로 부드럽게 이어서 발음해야 합니다. 특히 마지막 't'소리가 명확하게 발음되도록 주의해야 하며, 자연스럽게 끊어지는 느낌을 주는 것이 중요합니다. 'cannot'의 축약형인 'can't'는 '캔트'로 발음하지만, '트'소리는 길게 끌지 않고, 갑자기 뚝 끊기는 느낌으로 해주는 것이 포인트입니다.

She cannot(=can't) speak English.

'she'를 발음할 때는 입술이 약간 앞으로 내밀어지면서 윗니와 아랫니가 가까워집니다. 혀의 중간 부분이 입천장 중간에 닿는 느낌으로 위치한 후, 가운데로 바람을 내보내면서 '쉬'라고 발음합니다. 이때, 'sh' 소리를 부드럽게 내는 것이 중요합니다. 강조할 때는 '쉬이'처럼 조금 길게 발음하지만, 일반적인 상황에서는 '쉬'라고 짧고 부드럽게 발음하는 것이 자연스럽습니다.

They cannot(=can't) speak English.

'they'에서 'th' 발음은 혀끝을 윗니와 아랫니 사이에 살짝 놓고, 공기를 밀어내며 약간의 진동을 동반한 'ㄷ' 소리를 내면 됩니다. 천천히 말하거나 'they'를 강조할 때는 '데이'처럼 발음합니다. 그러나 문장에서 'they'가 빠르게 발음될 때는 '데이'의 '이' 소리를 약하게 발음하여 '데'처럼 간단하게 발음하는 것이 더 자연스럽습니다.

의문문 말하기

Can I speak English?	나는 영어를 말할 수 있습니까?
Can she speak English?	그녀는 영어를 말할 수 있습니까?
Can they speak English?	그들은 영어를 말할 수 있습니까?

의문문은 어떻게 말할까요? 조동사 Can을 맨 앞으로 가져오시면 됩니다. 이렇게요. 'Can I speak English?' 의문문에서도 동사원형 모양은 유지해야만 합니다. 추가로, Can을 사용한 의문문은 주로 허락을 구하거나, 가능성을 묻는 질문에 자주 쓰입니다. 예를 들어, 'Can I borrow your pen?'은 허락을 구하는 질문이고, 'Can you finish this on time?'은 어떤 일을 할 수 있는지를 묻는 질문입니다. 조동사를 맨 앞으로 옮기고, 동사원형을 유지하는 규칙을 꼭 기억하세요.

 더 알아보기

can vs. could

Can은 주로 현재 또는 일반적인 가능성을 나타내며, **Could**는 과거의 가능성 또는 좀 더 정중한 표현으로 사용됩니다.

- **Can** you help me? 직접적인 요청
- **Could** you help me? 더 공손한 요청

Can I speak English?

평서문에서 'can'은 '캔'이 아닌 '껀'으로 발음하는 것이 자연스럽다고 말씀드렸지만, 의문문에서는 'can'을 문맥에 따라 강조하고 싶을 때 '캔'으로 발음할 수 있습니다. 예를 들어, '캔 아이 스삐크 잉-글리쉬?'처럼 발음할 수 있습니다. 반면, 빠르게 말하거나 'can'을 강조하지 않는 경우에는 '캔'으로 약하게 발음하여 '캔 아이 스삐크 잉-글리쉬?'처럼 발음할 수 있습니다.

Can she speak English?

주어진 예문을 원어민처럼 자연스럽게 발음하기 위해서, 일반적으로 'can'은 약하게 '캔'으로 발음하는 것이 좋습니다. 'she'와 부드럽게 연결하여 '캔 쉬'로 자연스럽게 이어 발음합니다. 뒤에 나오는 'speak'는 '스피크'가 아닌 '스삐크'로, 'p' 소리를 강하게 발음하는 것이 중요합니다. 이렇게 하면 '캔 쉬 스삐크 잉-글리쉬?'가 되며, 의문문이기 때문에 끝부분을 올려서 발음해 주시면 더 원어민스럽게 들립니다.

Can they speak English?

'Can they'는 '캔 데이'로 이어서 발음할 수 있지만, 일상 대화에서는 '데이'를 약하게 발음하기 때문에 '데'로 하는 것이 자연스럽습니다. 끝에 의문문이므로 음을 살짝 올려서 '캔 데 스삐크 잉-글리쉬?'로 발음하는 것이 원어민스럽게 들립니다.

원어민 발음되기

영어 발음 튜닝법을 생각하며 다음의 표시에 따라 연습해 보세요.
(   )는 묶어서 한 번에, 굵은 글씨는 문장 강세를 살려주는 부분입니다.

01. I can **speak English.** ○○○○○

02. She can **speak English.** ○○○○○

03. They can **speak English.** ○○○○○

04. I **cannot(=can't) speak English.** ○○○○○

05. She **cannot(=can't)speak English.** ○○○○○

06. They **cannot(=can't) speak English.**○○○○○

07. Can I **speak English**? ○○○○○

08. Can she **speak English**? ○○○○○

09. Can they **speak English**? ○○○○○

10. Can I **borrow** your **pen**? ○○○○○

11. If you are **very busy today,** you can **take** the **taxi.** ○○○○○

12. He can **go home early today.** It's his **wife's birthday today.** ○○○○○

13. (**How many languages**) (can she **speak**)? ○○○○○

14. Can I **go home early today**? I'm **sick.** ○○○○○

15. I **can't drink alcohol.** Because I'm **allergic** to **alcohol.** ○○○○○

16. Can I (**sit here**)? ○○○○○

17. We can **ride bicycles,** but **they can't.** ○○○○○

18. You can **drive** my **car. Because** you are a **good driver.** ○○○○○

19. We **can't buy** that **apartment.** Because we're **not rich.** ○○○○○

20. He can **wake up early tomorrow.** Because (there is an) **important meeting.** ○○○○○

일상 대화 속에서 말의 흐름을 따라가며 영어 발음 튜닝 팁을 생각하며 연습해 보세요.

 Hi, Tom. How are you doing?
안녕, 톰. 어떻게 지내?

 Same as always. What about you?
맨날 똑같지. 너는 어때?

 Me too. Anyway, today's my birthday. Can you come to my birthday party?
나도야. 그나저나 오늘 내 생일이야. 내 생일파티에 올 수 있어?

 Oh, congratulations! I'm not sure, I'm in Jeju island for work. But I can go to Seoul in the evening.
오 축하해! 잘 모르겠어. 난 제주에 일 때문에 있거든.
하지만 저녁에 서울 갈 수 있어.

 I see. So, you can't make it.
그렇구나. 그럼 못 오겠네.

 You're my best friend so if I finish work early, I can see you.
넌 내 절친이잖아. 나 일 일찍 끝나면, 너 볼 수 있어.

 What about Jane? Can she come?
제인은 어떤데? 걔는 올 수 있어?

Oh she's off today and tomorrow, so she can't come.
아 제인은 오늘이랑 내일 휴가라 못 와

 Ah, that's too bad. I was hoping to see both of you.
아, 아쉽네. 너희 둘 다 보고 싶었는데.

 Yeah, I know. But we can celebrate together another day. Let's plan something for the weekend!
응, 나도 알아. 하지만 우리 나중에 따로 축하하자. 주말에 계획 잡자!

 Sounds good! Let's have dinner together this weekend then. I'll pick a good restaurant.
좋아! 그럼 이번 주말에 같이 저녁 먹자. 내가 좋은 식당 찾아볼게.

 Perfect. Let me know the time and place, and I'll be there!
좋아. 시간과 장소 알려줘, 그럼 나 바로 갈게!

 Will do! Have a great time in Jeju. Talk to you soon!
그럴게! 제주에서 잘 보내고, 곧 연락하자!

 Thanks! Have fun at your party! Talk to you soon!
고마워! 생일파티 잘 즐기고, 곧 연락하자!

단어 배우기

Same as always. 맨날 똑같다.
Be off 연차를 쓰다

You can't make it. 약속을 거절할 때 사용하는 표현

회화 마스터하기

원어민들의 롤플레이를 듣고, 빈칸에 들어갈 말을 완성해 보세요.

안녕, 톰. 어떻게 지내?

Same as always. What about you?
맨날 똑같지. 너는 어때?

나도야. 그나저나 오늘 내 생일이야. 내 생일파티에 올 수 있어?

Oh, congratulations! I'm not sure, I'm in Jeju island for work. But I can go to Seoul in the evening.
오 축하해! 잘 모르겠어. 난 제주에 일 때문에 있거든.
하지만 저녁에 서울 갈 수 있어.

그렇구나. 그럼 못 오겠네.

You're my best friend so if I finish work early, I can see you.
넌 내 절친이잖아. 나 일 일찍 끝나면, 너 볼 수 있어.

제인은 어떤데? 걔는 올 수 있어?

Oh she's off today and tomorrow, so she can't come.
아 제인은 오늘이랑 내일 휴가라 못 와

아, 아쉽네. 너희 둘 다 보고 싶었는데.

Yeah, I know. But we can celebrate together another day. Let's plan something for the weekend!
응, 나도 알아. 하지만 우리 나중에 따로 축하하자. 주말에 계획 잡자!

좋아! 그럼 이번 주말에 같이 저녁 먹자. 내가 좋은 식당 찾아볼게.

Perfect. Let me know the time and place, and I'll be there!
좋아. 시간과 장소 알려줘, 그럼 나 바로 갈게!

그럴게! 제주에서 잘 보내고, 곧 연락하자!

Thanks! Have fun at your party! Talk to you soon!
고마워! 생일파티 잘 즐기고, 곧 연락하자!

다음은 조동사 can이 활용된 이야기입니다.
데니얼 선생님의 쉐도잉 영상을 참고하여 따라 읽어보세요.

There is so much we can discover in the routine moments of daily life.

We can wake up, start the day with a fresh mind, and choose how we want to spend each moment.

A simple cup of coffee can make us feel refreshed, and a short walk can clear our minds.

Life can be busy, but these small things can help us find balance. But if we slow down, we can notice the beauty in what we are doing right now.

Even when life feels overwhelming, we can always take a deep breath.

We can choose to appreciate the routine, knowing that the simplest moments can bring peace.

해석하기

일상 속에서 우리는 정말 많은 것들을 발견할 수 있습니다.

우리는 아침에 일어나 신선한 마음으로 하루를 시작하고, 각 순간을 어떻게 보낼지 선택할 수 있습니다.

단순한 커피 한 잔이 우리를 상쾌하게 만들 수 있고, 짧은 산책이 우리의 마음을 맑게 해줄 수 있습니다.

삶은 바쁠 수 있지만, 이러한 작은 것들이 우리에게 균형을 찾게 도와줄 수 있습니다. 하지만 속도를 늦추면, 우리가 지금 하고 있는 일의 아름다움을 발견할 수 있습니다.

삶이 벅차게 느껴질 때도, 우리는 언제나 깊게 숨을 쉴 수 있습니다.

우리는 일상의 소중함을 감사할 수 있고, 가장 단순한 순간들이 평화를 가져다줄 수 있다는 것도 알 수 있습니다.

표현 말하기

discover
- 발견하다

Find balance
- 균형을 찾다

appreciate
- 감사하다

소유를 나타내는 whose

🎯 학습 목표 확인하기

- whose의 쓰임을 마스터합니다.
- 인칭 대명사의 소유격과 소유 대명사를 익힙니다.
- whose + 사물 패턴을 익힙니다.
- whose가 사용된 핵심 발음 팁을 익힙니다.

  • Whose is it?

미리보기 ① 그것은 누구의 것이니?
Whose is it?

미리보기 ② 그것은 나의 것입니다.
It is mine.

미리보기 ③ 그것은 나의 것이 아닙니다.
It isn't mine.

'Who are you?'는 너무 쉽게 입 밖으로 나오지만

'이거 누구의 것이니?'

하는 질문은 왜 어려울까요?

이제는 더 이상 어렵지

않을 겁니다.

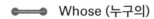

Who (누구)   Whose (누구의)

평서문 말하기

Whose is it?	그거 누구의 것이니?
Whose are they?	그것들은 누구의 것이니?
Whose are these keys?	이 열쇠 꾸러미는 누구의 것이니?

'Whose'는 기본적으로 의문문에서 가장 많이 사용됩니다. 오늘은 평소와 다르게, 의문문 형태부터 배워보겠습니다. 'Whose'는 기본적으로 '누구의'라는 의미를 가지고 있으며, 문장의 맨 앞에 위치합니다. 그다음, 의문문을 만들 때의 일반적인 순서에 따라 동사와 주어가 이어집니다. 예를 들어, '이것은 누구의 것이죠?'의 의미를 영어로 표현할 때, '누구의'를 나타내는 'whose'가 맨 앞에 오게 됩니다. 그다음, 동사 'is', 마지막은 '그것'을 나타내는 'it'이 오게 되어, 'whose is it?'과 같은 문장이 만들어집니다.

더 알아보기

주어	소유격	소유 대명사
I	my	mine
You	your	yours
He / She / It	his / her / its	his / hers / X
We	our	ours
They	their	theirs

Whose is it?

'Whose'는 '후즈'처럼 부드럽게 발음하며, 'z' 소리를 분명하게 내는 것이 중요합니다. 발음할 때 입술을 살짝 내밀어 '후즈' 소리가 자연스럽게 나도록 합니다. 'is it' 부분은 빠르게 '이짓'처럼 붙여서 발음해야 합니다. 'is'와 'it'을 각각 끊지 않고, 이어서 '이짓'처럼 발음하면 더 원어민스럽게 들립니다. 문장 전체를 보면, '후즈 이짓?'처럼 부드럽게 연결하여 발음하는 것이 자연스럽고 원어민스럽게 들릴 수 있습니다.

Whose are they?

먼저, 'Whose'는 앞 문장과 동일하게 '후즈'로 발음합니다. 이때 'z' 소리를 분명하게 내는 것이 중요합니다. 'are they' 부분은 빠르게 이어서 발음하는 것이 포인트입니다. 'are'는 약하게 발음하면서 'r' 소리를 살려 '알'처럼 발음하고, 'they는 부드럽게 '데이'로 발음합니다. 문장 전체는 '후즈알 데이?' 또는 '후우잘 데이?'처럼 부드럽게 이어서 발음하면 자연스럽게 들립니다.

Whose are these keys?

'are these'는 '알 디즈'처럼 빠르게 이어지며 'keys'는 '키이즈'로 발음하며, 'z' 소리도 정확하게 내야 합니다. 문장 전체는 '후즈알 디즈 키이즈?' 또는 '후우잘 디즈 키이즈?'처럼 부드럽게 연결해서 발음하면 원어민스럽게 들립니다.

It's mine.	그것은 나의 것입니다.
They're my children.	그것들은 우리 아이들 것입니다.
They're hers.	그것들은 그녀의 것입니다.

'Whose'로 질문을 하면, 무엇이 누구의 것인지 묻는 것입니다. 답할 때는 소유를 나타내는 단어를 사용하여 답할 수 있습니다. 예를 들어, '그것은 나의 것이야'는 'mine(나의 것)'을 활용하여 'It's mine'으로 답할 수 있습니다.

- **Whose is it? → It's mine.**
- **Whose are they? → They're my children.**
- **Whose are these keys? → They're hers.**
- **나의 것 →** mine
- **너의 것 →** yours
- **그의 것 →** his
- **그녀의 것 →** hers
- **우리의 것 →** ours
- **그들의 것 →** theirs

 더 알아보기

'it'의 복수는 'they'입니다. 'they'는 '그들'이라는 의미 뿐만 아니라 '그것들'이라는 물건을 가리킬 때 사용하기도 합니다. '이것', '저것'을 의미하는 단어 'this'와 'that'의 복수형은 각각 'these'와 'those'로 표현합니다.

It's mine.

'It is'의 줄임말인 'it's'는 '잍츠'로 발음합니다. 이때, 'it'의 소유격인 'its'와 발음은 동일합니다. 따라서 두 단어를 듣고 두 단어를 구분하는 방법은 문장 안에서 전체 의미를 통해 구분할 수 있습니다. 'mine'은 끝에 'n' 소리를 확실하게 내는 것이 중요합니다. 문장 전체를 원어민처럼 발음하면 '잍츠 마인'으로 자연스럽게 이어서 말할 수 있습니다.

They're my children.

'They're'는 '데얼'로 연결하여 발음합니다. 'children'발음에서 앞부분 'chil'은 입술을 앞으로 내밀면서 '췰'이라고 발음하는 것이 자연스럽습니다. 이어서 뒤에 나오는 'dren'은 '드런'으로 부드럽게 이어 발음하면 됩니다. 문장 전체를 '데얼 마이 췰드런'으로 자연스럽게 발음하면 원어민스럽게 들립니다.

They're hers.

'hers'는 '허얼즈'로 발음이 되지만, 끝의 '즈'소리를 '스'와 '즈'사이로 발음을 해주시는 것이 원어민 발음에서 더 자연스럽게 들리게 하는 중요한 요소입니다. 문장 전체를 '데얼 허얼즈'로 하시고 '즈'소리를 너무 세지 않게 부드럽게 처리하는 방식을 추천드립니다.

부정문 말하기

It isn't mine.	그거 내 것 아닙니다.
They aren't my children.	그것들은 우리 아이들 것이 아닙니다.
They aren't hers.	그것들은 그녀의 것이 아닙니다.

'Whose'로 질문을 하면, 무엇이 누구의 것인지 묻는다고 했죠. 이번에는 아니라고 말할 때 어떻게 답하는지 알아볼게요. 긍정문과 비슷하지만, 부정을 나타내는 not을 넣으면 됩니다. 즉, 'Whose' 질문에 아니라고 답할 때는 isn't나 aren't와 같은 부정어를 사용해서, '내 것, 그녀의 것이 아니'라고 말하면 됩니다. 예를 들어, 'whose is it?'라고 질문했을 때, '내 것이 아니에요.'라고 답하고 싶다면 'It isn't mine.' 또는 'It's not mine.'이라고 할 수 있습니다.

🔍 더 알아보기

사물이 누구의 것인지 물어볼 때, 'Whose + 사물 + 동사 + 주어?' 형태로 질문을 만들 수 있습니다.

- **Whose computer is it?** (컴퓨터는 누구의 것이죠?)
- → **It's his.** (그것은 그의 것입니다.)
- → **It isn't ours.** (그것은 우리의 것이 아닙니다.)

영어 발음 튜닝하기

It isn't mine.

'isn't'는 개별적으로 발음할 때는 '이즌은트'로 발음될 수 있지만, 문장안에서는 '이즌트'와 같이 좀 더 부드럽게 발음됩니다. 특히, 't'소리를 너무 강하게 내지 않고 자연스럽게 넘어가는 것이 자연스러운 발음의 핵심입니다.

They aren't my children.

'They aren't my children' 문장을 원어민처럼 자연스럽게 발음하려면 우선 'They aren't'는 '데이 아알은ㅌ'에 가깝게 발음됩니다. 여기서 'aren't'의 't' 소리는 짧고 약하게 발음하거나 생략하듯 부드럽게 소리 내면 됩니다. 빠르게 발음할 때는 't'소리가 거의 들리지 않을 정도로 부드럽게 연결하여 '알은' 처럼 들릴 수 있습니다. 전체 문장은 '데이 아알은ㅌ 마이 췰드런'으로 부드럽게 이어 발음하면 원어민스럽게 들립니다.

They aren't hers.

주어진 예문 'They aren't hers'를 앞에서 배운 내용을 잘 적용해보면, '데이 아알은ㅌ 허얼즈'가 됩니다. 조금 더 빠르고 자연스럽게 발음하면 '데 아알 은ㅌ 허얼즈'처럼 들릴 수 있습니다. 이때 '허얼즈'의 마지막 '즈' 소리를 너무 강하게 하지 않고, 약간 '스' 소리에 가깝게 들리도록 부드럽게 처리하는 것이 중요합니다. 이렇게 발음하면 더 자연스럽고 원어민스럽게 들릴 수 있습니다.

원어민 발음되기

영어 발음 튜닝법을 생각하며 다음의 표시에 따라 연습해 보세요.
( )는 묶어서 한 번에, 굵은 글씨는 문장 강세를 살려주는 부분입니다.

01. **(Whose** is **it)**?   ○○○○○

02. **(Whose** are) **they**?   ○○○○○

03. **(Whose** are) these **keys**?   ○○○○○

04. It's **mine**.   ○○○○○

05. **(They're)** my **children**.   ○○○○○

06. **(They're) hers**.   ○○○○○

07. **(It isn't) mine**.   ○○○○○

08. They aren't my **children**.   ○○○○○

09. They aren't **hers**.   ○○○○○

10. **(Whose computer)** (is **it)**?   ○○○○○

11. **(Whose book)** is **it?**
It's **his book.**

○○○○○

12. **(Whose car)** is **it?**
It's my **father's car.**

○○○○○

13. **(Whose hat)** is **it?**
It's **her hat.**

○○○○○

14. **(Whose key)** is **it?**
It's **my key.**

○○○○○

15. **(Whose dog)** is **it?**
It's our **neighbor's dog.**

○○○○○

16. **(Whose bag)** is **it?**
It's **his bag.**

○○○○○

17. **(Whose glasses)** are **they?**
They're **grandmother glasses.**

○○○○○

18. **(Whose pencil)** is **it?**
It's **my sister's pencil.**

○○○○○

19. **(Whose watch)** is **it?**
It's **his watch.**

○○○○○

20. **(Whose plate)** is **it?**
It's **her plate.**

○○○○○

일상 대화 속에서 말의 흐름을 따라가며 영어 발음 튜닝 팁을 생각하며 연습
해 보세요.

Hi. Whose book is this?
안녕. 이 책 누구 거야?

Oh, that's mine. Thank you.
아, 내 거야. 고마워.

No problem. Whose phone is on the table?
천만에. 테이블 위에 있는 전화기는 누구 거야?

I think it's Tom's phone.
톰 전화기인 것 같아.

Alright. I'll give it to him. Whose jacket is it?
그래, 내가 전해줄게. 이 자켓은 누구 거지?

The jacket is Jane's.
제인 자켓이야.

Thanks for the help. Whose keys are these?
도움 줘서 고마워. 이 키는 누구 거야?

I'm not sure but maybe they are Sarah's.
잘 모르겠지만 어쩌면 Sarah거일 수도 있어.

Thanks again.
다시 한번 고마워.

 Alright, I'll check with Sarah. By the way, whose notebook is on the chair?
그래, Sarah에게 확인해볼게. 그런데, 의자 위에 있는 공책은 누구 거야?

 Hmm, that notebook belongs to Mark. He must have left it here.
음, 그 공책은 Mark 거야. 아마 여기에 두고 갔나 봐.

 Got it. I'll keep it safe for him. And whose umbrella is by the door?
알겠어. 내가 안전하게 보관할게. 그리고 문 옆에 있는 우산은 누구 거야?

 Oh, that's mine. I always forget my umbrella!
아, 그건 내 거야. 나 항상 우산을 잊어버려!

 (웃으며) No worries. I'll remind you next time. Thanks for the help!
(웃으며) 걱정 마. 다음번엔 내가 알려줄게. 도와줘서 고마워!

 Anytime! Let me know if you find more things. I might be the owner!
언제든지! 더 발견하면 알려줘. 내가 주인일지도 몰라!

원어민들의 롤플레이를 듣고, 빈칸에 들어갈 말을 완성해 보세요.

안녕. 이 책 누구 거야?

Oh, that's mine. Thank you.
아, 내 거야. 고마워.

천만에. 테이블 위에 있는 전화기는 누구 거야?

I think it's Tom's phone.
톰 전화기인 것 같아.

그래, 내가 전해줄게. 이 자켓은 누구 거지?

The jacket is Jane's.
제인 자켓이야.

도움 줘서 고마워. 이 키는 누구 거야?

I'm not sure but maybe they are Sarah's.
잘 모르겠지만 어쩌면 Sarah거일 수도 있어.

다시 한번 고마워.

Alright, I'll check with Sarah. By the way, whose notebook is on the chair?
그래, Sarah에게 확인해볼게. 그런데, 의자 위에 있는 공책은 누구 거야?

음, 그 공책은 Mark 거야. 아마 여기에 두고 갔나 봐.

Got it. I'll keep it safe for him. And whose umbrella is by the door?
알겠어. 내가 안전하게 보관할게. 그리고 문 옆에 있는 우산은 누구 거야?

아, 그건 내 거야. 나 항상 우산을 잊어버려!

(웃으며) **No worries. I'll remind you next time. Thanks for the help!**
(웃으며) 걱정 마. 다음번엔 내가 알려줄게. 도와줘서 고마워!

언제든지! 더 발견하면 알려줘. 내가 주인일지도 몰라!

다음은 whose 패턴이 활용된 이야기입니다.
데니얼 선생님의 쉐도잉 영상을 참고하여 따라 읽어보세요.

One day, Anna and Mark were walking through the park. They decided to sit on a bench to take a break. As they sat down, Anna noticed something under the bench.

"Whose book is this?" Anna asked, picking up the book. Mark shrugged. "I don't know. Maybe someone left it behind." Just then, a dog ran past them, followed by a man.

"Whose dog is that?" Anna asked, laughing. "I think it's his," Mark said, pointing to the man running after the dog. A few moments later, Anna noticed more things around the bench.

"Whose sunglasses are these?" she asked, holding up a pair of sunglasses. "Whose water bottle is this?" Mark added, pointing to a bottle near his feet. "Looks like this bench is a lost-and-found!" Anna joked. Suddenly, a woman came running over. "Oh, thank you! The book, sunglasses, and bottle are all mine!" she said, smiling gratefully.

어느 날, 안나와 마크는 공원을 걷다가 잠시 쉬기 위해 벤치에 앉았습니다. 앉자마자 안나는 벤치 밑에 뭔가를 발견했습니다. "이 책 누구 거지?" 안나가 책을 주워 들며 말했습니다. 마크는 어깨를 으쓱했습니다. "모르겠어. 누군가 두고 갔나 봐." 그때, 한 마리 개가 그들 앞을 지나갔고, 뒤따라 한 남자가 뛰어갔습니다. "저 개 누구 거야?" 안나가 웃으며 물었습니다. "저 사람이 주인인 것 같아," 마크가 개를 쫓아가는 남자를 가리키며 말했습니다. 잠시 후, 안나는 벤치 주위에 다른 물건들도 있는 것을 발견했습니다. "이 선글라스 누구 거지?" 안나가 선글라스를 들어 보이며 물었습니다. "이 물병은 누구 거야?" 마크도 발밑에 있는 물병을 가리키며 덧붙였습니다. "이 벤치가 분실물 센터인 것 같네!" 안나가 농담을 했습니다. 그때, 한 여자가 헐레벌떡 달려왔습니다. "아, 고맙습니다! 책이랑 선글라스, 물병 다 제 거예요!" 그 여자가 감사한 표정으로 말했습니다.

표현 말하기

Shrug
- 어깨를 으쓱하다

Lost-and-found
- 분실물 센터

Day 05

마법의 표현 would like

I would like a steak.

🎯 학습 목표 확인하기

- would like의 쓰임을 마스터합니다.
- would vs. want의 차이점을 이해합니다.
- would like 들어간 문장의 핵심 발음 팁을 마스터합니다.
  • I would like a steak.

미리보기 ❶   스테이크 주세요.
I would like a steak.

미리보기 ❷   스테이크 별로 인 거 같아요.
I wouldn't like a steak.

미리보기 ❸   스테이크 드시겠어요?
Would you like a steak?

한 끌 차이로 예쁘게 상대방에게

내가 원하는 바를 전달하는 방법은

바로

would like입니다.

I wanna a steak.   **I would like** a steak.

I would like **a steak**.	스테이크 주세요.
I would like **a cup of water**.	물 한 잔 주세요.
I would like **a ticket for the concert**.	저는 그 콘서트 티켓을 원해요.

'would like'는 정중하게 무엇을 원할 때 사용하는 표현으로 음식, 음료 또는 예약을 요청할 때 사용됩니다. 이 표현은 'want'보다 더 부드럽고 예의 있게 들립니다.

I would like **a steak**. vs. I want **a steak**.

두 문장 모두 '스테이크를 원한다'는 의미이지만, 'would like'를 사용한 문장이 조금 더 공손하고 예의 있게 들리는 표현입니다. 'want'는 친구나 가까운 사람들에게 말할 때는 괜찮지만, 상황에 따라 무례하게 들릴 수 있으므로 공공장소나 공식적인 자리에서는 'would like'를 사용하는 것이 더 적절합니다.

🔍 더 알아보기

예의 있게 부탁을 할 때 사용할 수 있는 표현으로 'Could I have…?'가 있습니다.

- Could I have **the menu, please?** (메뉴를 주실 수 있나요?)

영어 발음 튜닝하기

I would like a steak.

'I would like'을 천천히 발음하면 '아이 우(워)드 라이크'로 발음되지만, 문장 안에서 한 호흡으로 연결하면 '아이드라익'으로 줄여서 발음 할 수 있어요. 여기서 조금 더 원어민 호흡으로 하면 '아들라익'으로 부드럽게 연결해서 발음할 수 있습니다. 'like'에서 'l' 발음은 앞에 'would'에 'd'소리와 연결하여 '들'처럼 소리나는 것이 부드럽게 들립니다.

I would like a cup of water.

'a cup of water'에서 'cup of'를 붙여서 '컵 오브'가 아니라 '커뻐브'로 발음합니다. 여기서 'p' 소리를 된소리로 발음해서 '뻐'로 소리를 내는 것이 더 자연스러운 발음이 됩니다. 전체 문장을 발음해 보면 '아들라익 어 커뻐브 워러'로 발음됩니다.

I would like a ticket for the concert.

'ticket'의 발음은 '티켓'이 아니라 '티껫'으로 된소리 발음 해주는 것이 좋습니다. 'I would like a ticket'을 한 호흡으로 연결하면 '아들라익 어 티껫'이렇게 발음되는데, 여기서 조금 더 자연스럽게 조금 더 유창하게 보이는 방법은 'like a'를 붙여서 발음하는 것입니다. 이렇게요, '아들라이커'로 한 호흡으로 부드럽게 발음을 할 수 있습니다. 'concert'에서도 'con'에 강세를 두고 발음을 하는데, '콘'이 아니라 '칸'으로 발음 해주는 것이 조금 더 원어민스러운 발음이 됩니다.

부정문 말하기

I would not like **a steak**.	스테이크를 원하지 않습니다.
I would not like **a cup of water**.	물 한 잔을 원하지 않습니다.
I would not like **a ticket for the concert**.	저는 그 콘서트 티켓 원하지 않아요.

'would like'의 부정문은 원하지 않을 때 정중하게 표현하는 방법입니다. 부정문을 만들 때는 'would not (wouldn't) + like' 형태로 사용합니다. 이 표현은 직접적으로 거절하거나 제안을 정중하게 거부할 때, 무언가를 원하지 않을 때도 상대방의 감정을 배려하면서도 자신의 의사를 분명히 전달할 수 있는 좋은 방법입니다.

더 알아보기

'I'd rather not...'는 무언가를 하고 싶지 않거나 원하지 않을 때 정중하게 거절하는 표현입니다. 상대방의 제안을 부드럽게 거절할 때 자주 사용됩니다.

- **I'd rather not go out tonight**.
  (오늘 밤에는 나가지 않는 게 좋겠어요.)

I would not(=wouldn't) like a steak.

'would not'을 우리는 '우드 낫'이렇게 발음을 하거나 또는 'wouldn't'는 '우든트'이렇게 발음을 많이 하고 있습니다. 'would'가 'not'과 축약이 될 때는, 'd'를 'ㄷ'가 아니라 'ㄹ' 소리를 내는 것이 더 정확합니다. 따라서 '우든트'가 아니라 '우워른트'처럼 들리게 되고 '우드 낫'이 아니라 '우워드 낫'처럼 소리를 내는 것이 원어민스러운 발음이 됩니다.

I would not(=wouldn't) like a cup of water.

'water'를 미국식 굴러가는 소리로 발음으로 제대로 하면 'ter' 발음을 '터'가 아니라 '럴'로 발음을 하는 것입니다. 이때 혀의 위치를 살짝 말씀드리면 윗니 뒤에 살짝 뽈록이가 끝나고 움푹 들어가기 직전 혀를 대면서 긁는다는 느낌으로 해주시는 겁니다.

I would not(=wouldn't) like a ticket for the concert.

'a', 'for', 'the'와 같은 단어들은 내용적으로 덜 중요하므로 가볍게 발음하는 것이 좋습니다. 반면, 중요한 단어들은 강조하여 발음해야 합니다. 'would not'은 '우워드 낫'으로 발음이 되지만 문장 안에서 빠르게 발음될 때는 '우든'처럼 발음하고 'like'는 '라잌' 그리고 'ticket'은 '티껫', 마지막으로 'concert'는 'con'에 강세를 주고 '칸설트'로 발음하면서, 'I would not like a ticket'을 한 호흡으로 묶어서 하는 것이 더 좋습니다.

의문문 말하기

Would **you like a steak?**	스테이크 괜찮으세요?
Would **you like a cup of water?**	물 한 잔 드시겠어요?
Would **you like a ticket for the concert?**	그 콘서트 티켓 원하시나요?

'would like'를 활용한 의문문은 상대방이 무엇을 원하는지 정중하게 묻는 표현입니다. 이 문장은 'Would you like + 명사?'의 구조를 갖습니다. 만약, 상대방이 무엇을 원하는지를 정중하게 묻고 싶다면 'what'을 앞에 붙여 'What would you like ~?' 형태로 사용할 수 있습니다.

What would like for lunch? (점심으로 무엇을 드시겠어요?)
What color would you like? (어떤 색을 원하시나요?)

이와 함께, 'would like to + 동사원형' 구조를 활용하면 상대방이 특정 행동을 원하는지 물어볼 수 있습니다. 이 형태는 'Would you like to + 동사원형?'으로 사용됩니다.

Would you like to go for a walk? (산책 가시겠어요?)

이 질문은 상대방이 특정 활동에 참여하고 싶어 하는지 부드럽게 물어보는 표현입니다.

🔍 더 알아보기

상대방의 대답이 긍정적일 확률이 높을 경우, 의문문에서도 'some'을 사용할 수 있습니다.

- **Would you like some cookies?** (쿠키 좀 드시겠어요?)

Would you like a steak?

'would you'는 '우드 유'가 아니라 자연스럽게 '우쥬'로 발음하는 것이 좋습니다. 'like'의 첫소리 'l'은 앞 단어, 'you'에 붙여 발음하는 것이 더 자연스럽습니다. 즉, '우쥬 라잌'보다는 '우쥴라잌'으로 한 호흡으로 연결해서 발음하는 것이 원어민스럽습니다. 전체 문장을 스피킹 팁을 적용해서 해보면 '우쥴라이커 스떼이크?'처럼 들리게 됩니다. 하나를 표현하는 'a'는 'like'에 붙여서 '라이커'로 연결됩니다.

Would you like a cup of water?

'Would you like a cup of water'는 '우쥴라이커 커뻐브 워러'로 한 번에 부드럽게 묶어서 발음하는 것이 좋습니다. 이렇게 하면 원어민처럼 자연스럽게 들립니다. 이렇게 발음할 때, 각각의 단어를 끊지 않고 소리들이 이어지도록 해야 합니다.

Would you like a ticket for the concert?

'Would you like a ticket to the concert?'에서 'Would you'는 '우쥬', 'like a' '라이커'로, 'ticket for'는 '티껫포'로 발음합니다. 'the concert'는 '더 칸설트'로 발음합니다. 이 모든 단어들을 끊지 않고 한 번에 연결하면서, 'ticket'과 'concert'에 조금 더 힘을 주어 발음하면 자연스럽고 의미가 명확하게 전달됩니다.

영어 발음 튜닝법을 생각하며 다음의 표시에 따라 연습해 보세요.
( )는 묶어서 한 번에, 굵은 글씨는 문장 강세를 살려주는 부분입니다.

01. (I would like a) **steak.** ⭘⭘⭘⭘⭘

02. (I would like a) (cup of) **water.** ⭘⭘⭘⭘⭘

03. (I would like a) **ticket** for the **concert.**
⭘⭘⭘⭘⭘

04. (I would **not** like a) **steak.** ⭘⭘⭘⭘⭘

05. (I would **not** like a) **cup** of **water.** ⭘⭘⭘⭘⭘

06. (I would **not** like a) **ticket** for the **concert.**
⭘⭘⭘⭘⭘

07. (Would you like a) **steak**? ⭘⭘⭘⭘⭘

08. (Would you like a) **cup** of **water**? ⭘⭘⭘⭘⭘

09. (Would you like a) **ticket** for the **concert**?
⭘⭘⭘⭘⭘

10. (**What** would you **like**) for **lunch**? ⭘⭘⭘⭘⭘

11. (I'd like a) **cup** of **coffee**.　　　○○○○○

12. (I'd like a) glass of **water**.　　　○○○○○

13. (Would you like a) **steak**?　　　○○○○○

14. (**How** would you like your) **steak**?　○○○○○

15. (Would you like) **dressing** on your **salad**?
　　　　　　　　　　　　　　　　　○○○○○

16. (**Which salad dressing**) (would you like)?
　　　　　　　　　　　　　　　　　○○○○○

17. (I'd **like** a) **pair** of **shoes**.　　　○○○○○

18. (**Which brand**) (would you like)?　○○○○○

19. (**What color**) (would you like)?　　○○○○○

20. (**What size** are) you?　　　○○○○○

일상 대화 속에서 말의 흐름을 따라가며 영어 발음 튜닝 팁을 생각하며 연습해 보세요.

Hi, I'd like a pair of new shoes.
안녕하세요. 새 신발을 구매하고 싶어요.

Welcome. What brand would you like?
반갑습니다. 어떤 브랜드를 원하시나요?

I'd like Nike. Nike is my favorite brand.
나이케가 좋아요. 제일 좋아하는 브랜드거든요.

Got it. It's a new model. What color would you like?
알겠어요. 이건 새 모델이에요. 어떤 색상을 원하실까요?

I'd like black.
검은색을 원해요.

Okay, just a moment. Oh, I'm sorry but black is sold out.
네, 잠시만요. 죄송하지만 블랙은 이미 다 팔렸어요.

That's too bad. I understand.
아쉽네요. 알겠습니다.

How about another color? We've got white models too.

다른 색상은 어떠실까요? 흰색 모델도 있습니다.

 White one is fine. Can I try them on?

흰색 괜찮아요. 신어봐도 될까요?

 Sure. What's your size?

물론이죠. 사이즈가 어떻게 되시나요?

 9.5.

9.5요.

 Please wait a moment. Here they are.

잠시만 기다려주세요. 여기 있습니다.

 Nice, I'll take them.

좋네요. 그걸로 할게요.

 There's a 10 percent discount.

10퍼센트 할인해 드릴게요.

 Thank you.

감사합니다.

단어 배우기

Be sold out 품절되다   Try on 신어보다, 입어보다
Take 구매하다

회화 마스터하기

원어민들의 롤플레이를 듣고, 빈칸에 들어갈 말을 완성해 보세요.

 Hi, I'd like a pair of new shoes.
안녕하세요. 새 신발을 구매하고 싶어요.

반갑습니다. 어떤 브랜드를 원하시나요?

 I'd like Nike. Nike is my favorite brand.
나이케가 좋아요. 제일 좋아하는 브랜드거든요.

알겠어요. 이건 새 모델이에요. 어떤 색상을 원하실까요?

 I'd like black.
검은색을 원해요.

네, 잠시만요. 죄송하지만 블랙은 이미 다 팔렸어요.

 That's too bad. I understand.
아쉽네요. 알겠습니다.

다른 색상은 어떠실까요? 흰색 모델도 있습니다.

White one is fine. Can I try them on?
흰색 괜찮아요. 신어봐도 될까요?

물론이죠. 사이즈가 어떻게 되시나요?

9.5.
9.5요.

잠시만 기다려주세요. 여기 있습니다.

Nice, I'll take them.
좋네요. 그걸로 할게요.

10퍼센트 할인해 드릴게요.

Thank you.
감사합니다.

다음은 would like동사가 활용된 이야기입니다.
데니얼 선생님의 쉐도잉 영상을 참고하여 따라 읽어보세요.

Today, I'm thinking about what I would like to do for the weekend. I would like to visit the new museum downtown. I heard it has an amazing art collection. I'd also like to try the new café nearby. They say it has the best pastries in the city, and I would love to try one of their famous croissants.

For dinner, I think I would like to cook something special at home. Maybe I'd like to try making pasta from scratch. It's been a long time since I've cooked something new, and I would like to challenge myself. I'd also like to invite a friend over to enjoy it with me.

There's so much I would like to do, but I have to make sure I have enough time for everything!

오늘 나는 주말에 무엇을 할지 생각하고 있어요. 나는 시내의 새로운 박물관을 가보고 싶어요. 거기에는 멋진 예술 작품들이 있다고 들었어요. 근처에 있는 새 카페에도 가보고 싶어요. 그곳의 페이스트리가 최고라고 하니, 그 유명한 크루아상을 꼭 먹어보고 싶어요.

저녁으로는, 집에서 뭔가 특별한 요리를 하고 싶어요. 아마도 처음부터 직접 만든 파스타를 시도해 보고 싶어요. 새로운 요리를 해본 지 오래됐고, 나 자신에게 도전해 보고 싶어요. 친구를 초대해서 함께 즐기는 것도 좋을 것 같아요.

하고 싶은 일이 정말 많지만, 시간이 충분한지 확인해야겠네요!

표현 말하기

I'd love to 동사원형
- 정말 ~하고 싶다

There's so much I would like to do…
- 하고 싶은 일이 정말 많다

I'd like to challenge myself.
- 나 자신에게 도전해보고 싶다

움직임을 말하는 일반동사

🎯 학습 목표 확인하기

- 일반동사 현재 시제의 쓰임을 마스터합니다.
- do/does + 일반동사 문장 구조를 익힙니다.
- 일반동사가 사용된 핵심 발음 팁을 익힙니다.
  - I run every day.

미리보기 ❶   나는 매일 달립니다.
I run every day.

미리보기 ❷   나는 매일 달리지 않습니다.
I don't run every day.

미리보기 ❸   그들은 매일 달리나요?
Do they run every day?

상태나 위치를 말할 때는 be동사를 사용하지만

움직임을 말할 때는

일반동사를 활용하여 말합니다.

run, study, eat등과 같은

움직임을 표현하는 일반동사 특징 마스터해 보아요!

I run **every day.**	나는 매일 달립니다.
She runs **every day.**	그녀는 매일 달립니다.
They run **every day.**	그들은 매일 달립니다.

상태나 위치를 표현할 때는 be동사를 활용하지만 '움직임'을 표현할 때는 일반동사를 사용합니다. run(달리다), study(공부하다), eat(먹다)와 같은 동사들이 해당됩니다. 일반동사는 주어의 인칭과 수에 따라 동사 형태가 달라집니다. 주어가 1인칭, 2인칭 단수, 그리고 복수 일 때는 동사 형태가 변하지 않는 'do'형태 동사, 주어가 3인칭 단수일 때는 동사에 '-s' 또는 '-es'를 붙여야 하는 'does'형태로 변형됩니다.

더 알아보기

	Do 동사	Does 동사
평서문	I / YOU / We / They + 동사원형	He / She / It + 동사(e)s
부정문	I / you / we / they + don't + 동사원형	He / She / It + doesn't + 동사원형
의문문	Do + I / you / we / they + 동사원형~?	Does + he / she / it + 동사원형~?

I run every day.

'I'는 길게 발음하지 않고 짧게 발음하며, 문장의 강세는 동사 'run'에 둡니다. 'run'에서 'r' 소리는 혀를 뒤로 말기보다는, 혀의 양쪽을 위 어금니 잇몸에 붙인 상태에서 입술을 앞으로 내밀어 발음합니다. 'run'의 발음은 '뤄언'처럼 들리며, '아이 뤄언'으로 주어와 부드럽게 연결됩니다. 이러한 발음 방법을 따르면 문장이 더 자연스럽고 원어민처럼 들리게 됩니다.

She runs every day.

3인칭 단수 주어가 사용될 때, 일반동사는 '-(e)s'가 붙어 형태가 변합니다. 동사에 따라 '-(e)s'의 발음도 달라지는데, 'run'의 경우 '-s'가 붙지만 'ㅅ' 소리가 아닌 'ㅈ' 소리로 발음됩니다. 이 발음은 'z' 소리처럼 성대를 울리며 내야 하며, 벌이 윙윙거릴 때처럼 성대의 떨림을 느끼며 발음하는 것이 중요하지만 너무 세게 'ㅈ' 발음하지 않습니다.

They run every day.

이번에는 'every day'에 대한 팁을 드려볼까 합니다. 'every'는 길게 '에브-리' 하는 것이 아니라 '에ㅂ'가 붙어서 짧게 발음되면서 'ㅂ' 소리가 크게 들리지 않아야 합니다. 'every'를 전체 발음하면 '에ㅂ뤼'처럼 소리가 들리게 됩니다. '-ry'를 발음할 때, 입모양은 '우' 입모양으로 '뤼'소리를 만드시면 됩니다. 전체 문장을 빠르지만 부드럽게 해보면, '데(이) 뤄언 에ㅂ뤼 데이'처럼 들리게 됩니다.

부정문 말하기

I do not(=don't) run **every day.**	나는 매일 달리지 않습니다.
She does not(=doesn't) run **every day.**	그녀는 매일 달리지 않습니다.
They do not(=don't) run **every day.**	그들은 매일 달리지 않습니다.

일반동사 부정문을 만들 때는 'do not' 또는 'does not'을 사용하여 '~하지 않다'라는 의미를 표현합니다. 중요한 점은, 'do not/does not' 뒤에는 반드시 동사원형 형태를 사용해야 한다는 것입니다.

• I **do not run** every day.
• She **does not run** every day.

🔍 **더 알아보기**

'does'는 이미 3인칭 단수의 의미를 포함하고 있기 때문에, 동사에는 -s 나 -es를 붙이지 않고 동사원형을 사용합니다.

• She **does not like** pizza. (O) She **does not likes** pizza. (X)
  (그녀는 피자를 좋아하지 않습니다)

I do not(=don't) run every day.

'I do not(=don't)'는 각각 단어들은 '아이 돈트'로 발음이 되지만, 빠르게 발음이 되면 '아돈'으로 발음하면서 강세를 두며 발음합니다. 여기서 'd'와 'n'사이에 'o'소리가 짧게 발음이 되고, '트'소리는 들릴 듯 말 듯 가볍게 내는 것이 하나의 팁입니다. 여기에서 'run'을 연결해서 발음하면 '아돈 뤄언'으로 연결하면서 강세를 주는 것이 또 하나의 팁입니다.

She does not(=doesn't) run every day.

'doesn't'는 원래 '더즈 낱'이지만, 빠르게 발음하면 '더즌트' 혹은 '더즌'처럼 발음됩니다. '즌' 부분을 발음할 때는 영어의 'z' 소리를 살려 성대를 울리며 발음하는 것이 자연스럽습니다. 또한, '트' 소리는 약하게 발음하는 것이 좋습니다. 'doesn't'에 강세를 주고, '쉬 더즌 뤄언'으로 연결하여 자연스럽게 발음할 수 있습니다 .

They do not(=don't) run every day.

전체 문장은 '데(이) 돈 뤄언 에브뤼 데이'로 한 호흡에 자연스럽게 연결하는 것이 좋습니다. 'don't'를 천천히 발음하면 '도운은ㅌ'로 발음되지만 문장 속에서 'ㅌ' 소리는 소리를 내지 않고 '돈'으로 발음되어 '데(이) 돈 뤄언 에브뤼 데이'로 발음하는 것이 더 자연스럽습니다. 조금 더 빠르게 연결하여 발음하면 'don't'가 '돈'이 아닌 '던'처럼 들리기도 합니다.

의문문 말하기

Do they run every day?	그들은 매일 달립니까?
Does she run every day?	그녀는 매일 달립니까?
Do you run every day?	당신은 매일 달립니까?

'Do/Does + 주어 + 동사원형?'은 일반동사 의문문을 만들 때 사용하는 기본 구조로, 현재 시제에서 행동이나 상태에 대해 질문할 때 사용됩니다. Do/Does는 동사를 도와 의문문을 만들며, 'Does'를 사용할 때는 동사에 '-s'나 '-es'를 붙이지 않고 원형을 사용합니다. Do는 'I, You, We, They'와 함께, Does는 'He, She, It'와 함께 사용하여 일반동사 의문문을 형성합니다.

 더 알아보기

Do/Does는 What, Where, When 같은 의문사와 함께 사용하여 더 구체적인 질문을 할 수 있습니다. 이때, 의문사가 문장 앞에 오고, 그 뒤에 do/does + 주어 + 동사원형?의 구조를 따릅니다.

- **Why do you run every day?** (왜 매일 달립니까?)

Do they run every day?

'Do they run every day?'는 부드럽게 한 호흡에 발음하는 것이 중요합니다. 'Do'는 짧고 가볍게 '두'로 발음하며, 'they'로 연결합니다. 이때 동사 'run'을 끊지 않고 이어서 발음하는 것이 원어민처럼 들리게 하는 포인트입니다. 즉, '두 데(이) 뤼언'이렇게 자연스럽고 부드럽게 연결하는 것이 발음의 중요한 팁입니다.

Does she run every day?

'Does she'는 '더즈 쉬'로 발음하지만, 이를 더 자연스럽게 발음하기 위해 '더 쉬'로 연결하는 것이 좋습니다. 'does'와 'she'에서 's' 소리가 연속해서 두 번 나오기 때문에, 's'를 한 번만 부드럽게 처리하는 것이 발음을 더 자연스럽게 만들기 때문입니다. 따라서 '더쉬'로 발음하면 두 단어가 자연스럽게 이어지고, 원어민처럼 부드럽게 들릴 수 있습니다. '더쉬 뤼언 에ㅂ뤼 데이'로 발음하면 한 호흡에 자연스럽게 연결할 수 있습니다.

Do you run every day?

'do'와 'you'를 '두 유'가 아닌 붙여서 '듀'로 발음하는 것이 더 자연스럽고 원어민처럼 소리를 낼 수 있습니다. '듀 뤼언 에ㅂ뤼데이?'가 한 호흡으로 편안하고 자연스럽게 연결됩니다.

원어민 발음되기

영어 발음 튜닝법을 생각하며 다음의 표시에 따라 연습해 보세요.
(　　)는 묶어서 한 번에, 굵은 글씨는 문장 강세를 살려주는 부분입니다.

01. I run **every** day. ○○○○○

02. She runs **every** day. ○○○○○

03. They run **every** day. ○○○○○

04. I **do not(=don't)** run **every** day. ○○○○○

05. She **does not(=doesn't)** run **every** day.
○○○○○

06. They **do not(=don't)** run **every** day.○○○○○

07. **Do** they run **every** day? ○○○○○

08. **(Does she)** run **every** day? ○○○○○

09. **(Do you)** run **every** day? ○○○○○

10. **Why** (do you) **run every** day? ○○○○○

11. **Why** (do you) **skip** breakfast **every** day?
○○○○○

12. We **don't study** English **every** day but we **study** English **twice** a week.
○○○○○

13. They (**go** to) **school** at 10 o'clock because (they are) **university** students.
○○○○○

14. **Tom studies** Japanese **hard** because he (**lives** in) Japan.
○○○○○

15. I **read** and (**take** a walk) **every** morning but **not on Sundays**.
○○○○○

16. **Why** (does she) (**go** to) **gym every** day? She's **very** healthy.
○○○○○

17. You meet your **friends every** day. Do you have a **lot** of time?
○○○○○

18. **Why** (does he) **play** soccer **every** day? **Isn't** he a doctor?
○○○○○

19. He's **very** busy but he **spends** time with his **son every** day. (He's a) **good** father.
○○○○○

20. **Why** (is she) **rich**? She has **no job**. She does **nothing every** day.
○○○○○

회화로 말문트기

일상 대화 속에서 말의 흐름을 따라가며 영어 발음 튜닝 팁을 생각하며 연습해 보세요.

Hi, my name is John. Nice to meet you.
안녕하세요, 제 이름은 John이에요. 만나서 반갑습니다.

Hello, John. I'm Mark. Nice to meet you.
안녕하세요, John. 저는 Mark예요. 만나서 반갑습니다.

What company are you with, Mark?
Mark씨는 어느 회사에서 일하세요?

I'm with ABC Corporation now. What about you?
저는 현재 ABC 법인에서 일하고 있어요. John씨는요?

I work for XYZ. What is your position in ABC Corporation?
저는 XYZ에서 일해요. ABC 법인에서 직함이 어떻게 되시나요?

I'm a sales manager. And you?
저는 영업 팀장이에요. John씨는요?

I'm a project manager. It's your first time here?
저는 프로젝트 팀장이에요. 여기 처음 오신 건가요?

Yes, it is. How about you?
네, John씨는요?

Me, too. It's a nice place!
저도요. 참 좋은 곳이네요!

 Oh, yes. I think so. What do you think of the conference so far?
네, 그렇게 생각해요. 지금까지의 컨퍼런스에 대해 어떻게 생각하시나요?

 I think it is very interesting. The speakers are good.
꽤 흥미롭다고 생각해요. 연사들이 잘 하네요.

 I totally agree with that.
그러네요.

 Me, too. Do you have any plans for lunch?
저도요. 점심 식사 어떻게 하실지 정하셨나요?

 Not yet. Would you like to have lunch together?
아직요. 같이 드실래요?

 That sounds great.
좋은 생각이에요.

 Perfect. See you at noon.
좋아요. 12시에 뵈어요.

 Yes, see you then
네, 그때 봐요.

단어 배우기

Corporation 기업, 법인   Position 직급

회화 마스터하기

원어민들의 롤플레이를 듣고, 빈칸에 들어갈 말을 완성해 보세요.

 Hi, my name is John. Nice to meet you.
안녕하세요, 제 이름은 John이에요. 만나서 반갑습니다.

 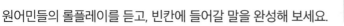
안녕하세요, John. 저는 Mark예요. 만나서 반갑습니다.

 What company are you with, Mark?
Mark씨는 어느 회사에서 일하세요?

저는 현재 ABC 법인에서 일하고 있어요. John씨는요?

 I work for XYZ. What is your position in ABC Corporation?
저는 XYZ에서 일해요. ABC 법인에서 직함이 어떻게 되시나요?

저는 영업 팀장이에요. John씨는요?

 I'm a project manager. It's your first time here?
저는 프로젝트 팀장이에요. 여기 처음 오신 건가요?

네, John씨는요?

Me, too. It's a nice place!
저도요. 참 좋은 곳이네요!

네, 그렇게 생각해요. 지금까지의 컨퍼런스에 대해 어떻게 생각하시나요?

I think it is very interesting. The speakers are good.
꽤 흥미롭다고 생각해요. 연사들이 잘 하네요.

그러네요.

Me, too. Do you have any plans for lunch?
저도요. 점심 식사 어떻게 하실지 정하셨나요?

아직요. 같이 드실래요?

That sounds great.
좋은 생각이에요.

좋아요. 12시에 뵈어요.

Yes, see you then.
네, 그때 봐요.

다음은 일반동사 패턴이 활용된 이야기입니다.
데니얼 선생님의 쉐도잉 영상을 참고하여 따라 읽어보세요.

Every morning, I wake up at 7 a.m. I eat breakfast and drink a cup of coffee. After that, I go for a walk in the park. My friend Sarah also walks with me. We usually talk about our plans for the day. Sometimes, she shares interesting stories from her work.

After the walk, I study English for two hours. I use different books and listen to podcasts. In the afternoon, I work from home. I write reports and send emails to my colleagues.

In the evening, I relax and watch TV with my family. We sometimes play board games, but my brother always wins. Before bed, I read a book or listen to music to calm down. Finally, I go to sleep around 11 p.m., ready for another day.

On weekends, I visit my parents and help them with small tasks around the house. I also like to cook dinner for them. Spending time with family always makes me happy.

해석하기

매일 아침 나는 7시에 일어납니다. 나는 아침을 먹고 커피 한 잔을 마십니다. 그 후에 공원에서 산책합니다. 내 친구 살아도 나와 함께 걸어요. 우리는 보통 그날의 계획에 관해 이야기합니다. 가끔 사라는 직장에서 있었던 흥미로운 이야기를 들려줍니다. 산책 후에 나는 두 시간 동안 영어 공부를 합니다. 다양한 책을 사용하고 팟캐스트를 들어요. 오후에는 집에서 일을 합니다. 나는 보고서를 작성하고 동료들에게 이메일을 보냅니다. 저녁에는 가족과 함께 휴식을 취하며 TV를 봅니다. 가끔 우리는 보드게임을 하지만, 내 동생이 항상 이깁니다. 자기 전에는 책을 읽거나 음악을 들으며 마음을 가라앉힙니다. 마침내 나는 11시쯤 잠자리에 들어, 또 다른 하루를 준비합니다. 주말에는 부모님을 방문하고 집안일을 도와드려요. 또, 부모님을 위해 저녁을 요리하는 것도 좋아합니다. 가족과 시간을 보내면 항상 행복해집니다.

표현 말하기

Ready for another day
- 또 다른 하루를 준비하다

Help with small tasks
- 작은 일을 돕다

진행중인 일을 설명하는 현재진행형

🎯 학습 목표 확인하기

- 현재진행형의 쓰임을 마스터합니다.
- 현재 시제 vs. 현재진행형의 차이점을 이해합니다.
- 현재진행형이 들어간 문장의 핵심 발음 팁을 마스터합니다.

  • I'm talking on the phone.

미리보기 ❶   나 통화 중이야.
I'm talking on the phone.

미리보기 ❷   통화하고 있지 않아요.
I'm not talking on the phone.

미리보기 ❸   너 통화 중이야?
Are you talking on the phone?

지금 이 순간에 일어나고 있는

또는

일시적인 행동 또는 상황을

나타내는 시제

현재진행형!

평서문 말하기

I'm talking on the phone.	나 통화 중이야.
She's talking on the phone.	그녀는 통화 중이야.
They're talking on the phone.	그들은 통화 중이야.

현재진행형은 말하는 순간에 진행 중인 동작이나 일시적인 행동 또는 상태를 나타내는 시제입니다. 이 시제는 주어의 인칭과 수에 맞는 be동사(am, is, are)와 일반동사원형에 '-ing'를 붙여서 만듭니다. 현재진행형은 지속적으로 발생하고 있는 행동 즉, 특정 기간 동안 일시적으로 지속해서 반복되는 행동 또는 지금 당장 일어나고 있는 일을 나타낼 때 사용됩니다.

 더 알아보기

현재진행형은 말하는 순간에 진행 중인 동작을 설명할 때 사용되며, 가까운 미래에 확정된 일이나 계획을 표현할 때도 사용됩니다.

- I am meeting my friend tomorrow.
  (나는 내일 친구를 만날 예정이야.)

I'm talking on the phone.

먼저, 'I'm'은 '암'으로 빠르고 가볍게 발음합니다. 'talking'에서 'talk'의 'k'는 문장안에서 거의 소리가 나지 않습니다. 'talking'은 '토킹'으로 발음하기 보다는 '토'와 '터' 사이로 발음하는데, 약간 '터'에 가까운 발음을 하고 '터킹'이 아니라 '터낑'처럼 발음하는 것이 더 원어민스럽습니다.

She is talking on the phone.

'She is'를 '쉬 이즈'라고 분리하지 않고, '쉬즈'처럼 붙여서 발음하는 것이 더 자연스럽습니다. 'on the phone'은 '온 더 폰'이 아니라, '언 더 퍼운'처럼 발음합니다. 특히, 'phone'은 '포운'으로 발음되지만 문장 안에서 '오우' 입 모양에 힘을 빼고 발음하면서 '퍼운'처럼 들리게 됩니다.

They are talking on the phone.

'They are'는 '데얼'로 한 번에 붙여 발음하는 것이 자연스럽습니다. 앞에서 배운 스피킹 팁을 전체적으로 적용하면, '데얼 터낑 언 더 퍼운'으로 한 호흡에 자연스럽게 발음할 수 있습니다. 중요한 포인트는 'they are'를 '데얼'로 붙여 발음하고, 'talking'은 '터낑'으로 'king'을 힘을 뺀 된소리 '낑'으로 발음한다는 것입니다.

부정문 말하기

I'm not talking **on the phone.**	나 통화 중 아니야.
She's not talking **on the phone.**	그녀는 통화 중 아니야.
They're not talking **on the phone.**	그들은 통화 중 아니야.

현재진행형의 부정문은 be동사 뒤에 'not'을 추가하여 만들어집니다. 이 구조는 '주어 + be동사(am, is, are) + not + 일반동사 ~ing' 형태를 가지고 있으며, 이를 통해 현재 진행 중이지 않은 행동이나 일어나지 않는 상태를 표현할 수 있습니다.

🔍 더 알아보기

현재진행형 부정문에서는 'not'을 강조하여 '절대 ~하지 않는다'는 의미를 전달할 수 있습니다. 바로 'definitely', 'absolutely' 같은 단어를 'not' 앞에 붙이면 부정의 의미가 더 강해져, '절대 ~하지 않는다'는 뜻을 만들 수 있습니다.

- I am **definitely not** going to the party.
  (나는 절대 그 파티에 가지 않을 거야.)

I'm not talking on the phone.

'I'm not'은 '암 낱'으로 발음하는데, 이때 '낱'을 꾹 눌러 발음하는 것이 좋습니다. '암 낱 터낑'으로 자연스럽게 이어서 발음합니다.

She's not talking on the phone.

주어진 예문에서 'she's'는 '쉬즈'로 빠르게 발음하고, 'not'을 꾹 눌러 '낱'으로 발음합니다. '쉬즈 낱 터낑 언 더 퍼운'으로 한 호흡으로 문장 전체를 자연스럽게 연결하여 발음할 수 있습니다.

They're not talking on the phone.

'They're not talking on the phone.'에서 'They're'은 '데얼'로 한 번에 붙여 발음합니다. 'talking on the phone'은 앞서 설명한 대로 '터낑 언 더 퍼운'으로 발음합니다. 'king' 소리는 문장 안에서 힘을 뺀 된소리 발음으로 '터낑'으로 발음하는 것이 자연스럽게 뒤의 소리와 연결됩니다. 이렇게 발음하면 문장이 더 원어민스럽고 자연스럽게 들립니다.

의문문 말하기

Are **you** talking **on the phone?**	통화 중이야?
Is **she** talking **on the phone?**	그녀는 통화 중입니까?
Are **they** talking **on the phone?**	그들은 통화를 하고 있습니까?

현재진행형 의문문은 현재 시점에서 진행 중인 동작이나 상태에 대해 질문할 때 사용됩니다. 이 시제의 의문문은 be동사(am, is, are)를 주어 앞에 위치시켜 만듭니다. be동사(am, is, are) + 주어 + 일반동사 -ing의 구조를 갖습니다. 이 형식을 통해 현재 어떤 행동이 진행 중인지 묻는 질문을 할 수 있습니다.

더 알아보기

의문사가 들어간 현재진행형 의문문에서는 의문사가 맨 앞에 오고, 그 뒤에 be동사(am, is, are) + 주어 + 일반동사 -ing 순서로 구성됩니다.

- **What are you doing?** (너 뭐하는 중이야?)

Are you talking on the phone?

의문문에서 'Are you'는 '알 유'로 또박또박 발음할 때는 'are'를 강조하고자
할 때 사용합니다. 그러나 'are you'를 가볍게 말할 때는 '얼 유'로 빠르게 발음
할 수 있습니다. 주어진 예문에서도 두 가지 방법을 적용할 수 있습니다. 즉,
'알 유 터킹 언 더 퍼운?' 또는 '얼 유 터킹 언 더 퍼운?'처럼 두 가지 방식으로
발음할 수 있으며, 상황에 따라 강조 여부에 따라 다르게 사용할 수 있습니다.

Is she talking on the phone?

'Is she'에서도 스피킹 팁이 있습니다. 원어민들은 '이즈 쉬'라고 나누어서 말
하지 않고, '이쉬'라고 붙여서 자연스럽게 발음합니다. 즉, '이쉬 터킹 언 더
퍼운?'이라고 발음하며, 의문문이므로 문장의 끝 음을 올려주는 것이 자연스
럽습니다. 이렇게 하면 발음이 더 부드럽고 원어민스럽게 들립니다.

Are they talking on the phone?

'Are they'는 '알 데이'보다는 빠르게 '알 데'로 발음합니다. 'talking on the
phone'은 앞에서 이미 드렸던 팁을 그대로 적용하여 전체 문장을 연습해 보
면 '아 데 터킹 언 더 퍼운?'으로 자연스럽게 연결하여 발음하여 조금 더 원
어민에 가까운 발음을 할 수 있습니다.

원어민 발음되기

영어 발음 튜닝법을 생각하며 다음의 표시에 따라 연습해 보세요.
(   )는 묶어서 한 번에, 굵은 글씨는 문장 강세를 살려주는 부분입니다.

01. I'm (**talking** on the **phone**).　　○○○○○

02. (She is) (**talking** on the **phone**).　　○○○○○

03. (They are) (**talking** on the **phone**).　○○○○○

04. I'm **not** (**talking** on the **phone**).　　○○○○○

05. (She's) **not** (**talking** on the **phone**).　○○○○○

06. (They're) **not** (**talking** on the **phone**).
　　　　　　　　　　　　　　　　　　○○○○○

07. Are you (**talking** on the **phone**)?　　○○○○○

08. (Is she) (**talking** on the **phone**)?　　○○○○○

09. Are they (**talking** on the **phone**)?　○○○○○

10. **What** (are you) **doing**?　　　　　○○○○○

11. I'm (**starting** a new) **project**.   ○○○○○

12. He's **not working** this week. (He's on) **vacation**.   ○○○○○

13. (What are) **you reading now**?   ○○○○○

14. We are **moving** to a (**new house**) **tomorrow**.   ○○○○○

15. She's **learning** a (**new language**).   ○○○○○

16. They're **not going** to **movies tonight**.   ○○○○○

17. **Why** are you **not going** to **school** today?   ○○○○○

18. We're **going** to New **York**.   ○○○○○

19. She's **not** (**visiting** her) **family** this **weekend**.   ○○○○○

20. I am **definitely not going** to the **party**.   ○○○○○

일상 대화 속에서 말의 흐름을 따라가며 영어 발음 튜닝 팁을 생각하며 연습
해 보세요.

 Hi, Mark. What are you doing?
안녕, 마크. 뭐 하고 있었어?

 **Hi, John. I'm playing golf. Do you wanna join
me?**
안녕, 존. 난 골프 치고 있었지. 같이 칠래?

 Sure. How are you playing today?
그럼. 오늘 잘 치고 있어?

 **I'm doing okay. I'm trying to improve my
swing.**
그런 것 같아. 난 스윙을 개선하려고 노력 중이야.

 That sounds good. I'm practicing my putting.
좋네. 난 퍼팅 연습을 하는 중이야.

 **Oh great. We can practice together. Are you
ready?**
좋아. 우리 같이 연습하면 되겠네. 준비됐어?

 Yes, I'm ready. Let's start at the first hole.
응, 준비됐어. 첫 번째 홀부터 시작하자.

Okay, I'm hitting the ball now. Watch me.
그래, 나 지금 공 친다. 봐줘.

 Nice shot. I'm lining up my shot next.
나이스 샷. 난 다음 샷을 준비할게.

 Thanks, you're doing well. You're having a good time.
고마워, 너 잘하고 있어. 너 골프 연습 좋아하는구나.

 Yes, we are.
응, 맞아.

 Me, too. Let's keep playing and have fun.
나도. 계속 치면서 즐거운 시간 보내자.

단어 배우기

Line up (my shot) 샷을 준비하다   keep playing 계속해서~하다
Have fun 즐거운 시간을 보내다

원어민들의 롤플레이를 듣고, 빈칸에 들어갈 말을 완성해 보세요.

Hi, Mark. What are you doing?
안녕, 마크. 뭐 하고 있었어?

안녕, 존. 난 골프 치고 있었지. 같이 칠래?

Sure. How are you playing today?
그럼. 오늘 잘 치고 있어?

그런 것 같아. 난 스윙을 개선하려고 노력 중이야.

That sounds good. I'm practicing my putting.
좋네. 난 퍼팅 연습을 하는 중이야.

좋아. 우리 같이 연습하면 되겠네. 준비됐어?

Yes, I'm ready. Let's start at the first hole.
응, 준비됐어. 첫 번째 홀부터 시작하자.

그래, 나 지금 공 친다. 봐줘.

Nice shot. I'm lining up my shot next.
나이스 샷. 난 다음 샷을 준비할게.

고마워, 너 잘하고 있어. 너 골프 연습 좋아하는구나.

Yes, we are.
응, 맞아.

나도. 계속 치면서 즐거운 시간 보내자.

다음은 현재진행형이 활용된 이야기입니다.
데니얼 선생님의 쉐도잉 영상을 참고하여 따라 읽어보세요.

I am standing on the beach, and the waves are crashing against the shore. The sun is setting, painting the sky in orange and pink. People are walking along the water, and children are building sandcastles. I am feeling the soft sand under my feet as I look out at the ocean.

Nearby, a group of friends is playing volleyball. They are laughing and shouting as they hit the ball back and forth. Some people are swimming in the sea, while others are relaxing on beach towels. I am watching the scene and enjoying the fresh sea breeze.

Now, I am sitting by the water, watching the sun go down. The sky is growing darker, and the stars are starting to appear. I am thinking about how peaceful this moment is. The sound of the waves is calming, and everyone around me seems happy.

나는 해변에 서 있고, 파도가 해안가에 부딪히고 있어. 태양은 지고 있으며, 하늘을 주황색과 분홍색으로 물들이고 있어. 사람들이 물가를 따라 걷고 있고, 아이들은 모래성을 쌓고 있어. 나는 부드러운 모래를 발 아래에서 느끼며 바다를 바라보고 있어. 가까운 곳에서 친구들 무리가 배구를 하고 있어. 그들은 공을 주고받으며 웃고 소리치고 있어. 어떤 사람들은 바다에서 수영을 하고 있고, 다른 사람들은 비치 타월을 깔고 쉬고 있어. 나는 그 장면을 보면서 신선한 바닷바람을 즐기고 있어. 지금 나는 물가에 앉아 해가 지는 것을 보고 있어. 하늘은 점점 어두워지고, 별들이 나타나기 시작했어. 나는 이 순간이 얼마나 평화로운지 생각하고 있어. 파도 소리는 나를 차분하게 만들고, 내 주변의 모든 사람들은 행복해 보이네.

표현 말하기

Crashing against the shore
- 파도가 해안가에 부딪히다

Painting the sky
- 하늘을 물들이는

Day 08

항상에서 절대까지 표현하는 빈도부사

🎯 학습 목표 확인하기

- 빈도부사의 정의를 이해합니다.
- 문장 안에서 빈도부사의 위치를 정확히 알고 사용합니다.
- 빈도부사가 사용된 핵심 발음 팁을 익힙니다.

  • He often reads a book after work.

미리보기 ❶ 나는 항상 영어를 공부합니다.
I always study English.

미리보기 ❷ 나는 항상 영어를 공부하지 않습니다.
I'm not always study English.

미리보기 ❸ 너는 항상 영어를 공부하니?
Are you always studying English?

어떠한 행동에 빈도나 횟수를 나타낼 때

효과적인 방법!

빈도부사

항상부터 절대까지

모든 것을 표현할 수 있는

빈도부사를 알아보아요!

평서문 말하기

I always study English.	나는 항상 영어를 공부합니다.
She is always on time.	그녀는 항상 제시간에 옵니다.
He often drinks after work.	그는 일과 후 자주 술을 마신다.

빈도부사는 '항상', '자주', '때때로'처럼 동작이나 상태가 얼마나 자주 발생하는지를 나타내는 부사입니다. 빈도부사는 일반적으로 be동사, 조동사 뒤, 일반동사 앞에 위치합니다. 또한, 빈도부사가 쓰였을 때여도 주어가 3인칭 단수인 경우에는 동사에 '-(e)s'를 붙여야 합니다.

- I **always study** English.
- She **is always** on time.
- He **often drinks** after work.

더 알아보기

0%				100%
never 전혀	rarely 거의 ~않는	sometimes 때때로	ofren 자주	always 항상

I always study English.

이번 문장의 발음 팁은 'always'입니다. 흔히 우리가 '올웨이즈'라고 발음하지만, 'always'에서 'l' 소리는 혀가 약간 뒤로 갔다가 앞으로 나오는 소리로 발음됩니다. 특히 'l' 소리가 모음 뒤나 단어 끝에 올 때는, 이처럼 혀가 뒤로 갔다가 앞으로 나오는 방식으로 만들어집니다. 따라서 'always'를 원어민처럼 발음하면 **'어얼웨이즈'**가 됩니다. 따라서 'I always'는 **'아이 어얼웨이즈'**로 연결해서 발음하는 것이 자연스럽습니다.

She is always on time.

'on time'에 대한 스피킹 팁은 무엇이 있을까요? 바로 'on'에 대한 팁입니다. 'on'은 '온'이 아니라 '온'과 **'언'** 그 사이 어디쯤의 발음인데, 굳이 적자면 **'언'**으로 발음을 하면 조금 더 원어민스럽게 들립니다. 전체 문장을 발음하면 **'쉬즈 어얼웨이즈 언 타임'**이렇게 하면 조금 더 세련된 발음이 됩니다.

He often drinks after work.

많은 분들이 'often'을 '오픈'이라고 발음하는데, 원어민처럼 발음하기 위한 팁을 하나 알려드리겠습니다. 먼저 턱을 많이 벌려서 **'어픈'**이라고 발음하는 것이 중요합니다. 또한, 'often' 뒤에 나오는 'drinks'는 '드링크스'가 아니라 **'드링스'**라고 부드럽게 연결해서 발음하면 더욱 세련된 발음이 됩니다. 이렇게 두 단어를 자연스럽게 발음하면 보다 원어민처럼 들릴 수 있습니다.

부정문 말하기

I'm not always study English.	나는 항상 영어를 공부하지 않습니다.
She isn't always on time.	그녀는 항상 제시간에 오지 않습니다.
He doesn't often drink after work.	그는 일과 후 자주 술을 마시지 않습니다.

빈도부사의 부정문은 be동사와 조동사 뒤, 일반동사 앞에 빈도부사를 배치하고 'not'을 추가하여 만듭니다. 예를 들어, 'She isn't always on time'과 같이 be동사 뒤에 빈도부사를 두거나, 'He doesn't often drink after work'처럼 조동사 뒤, 일반동사 앞에 부정어 'not'을 위치 시킵니다. 주어가 3인칭 단수일 경우 'doesn't'를 빈도부사 앞에 사용하고, 동사는 원형을 사용해야 한다는 점에 주의해야 합니다.

 더 알아보기

never는 이미 부정의 의미가 있기 때문에, 'not'과 함께 사용하지 않습니다.

- **I never go there. (O) / I don't never go there. (X)**
  (나는 절대 그곳에 가지 않는다)

I'm not always study English.

이번 스피킹 팁은 바로 'study' 발음에 대한 것입니다. 우리가 흔히 '스터디'라고 많이 발음하는데, 영어에서는 단어 중간에 'p, t, k' 소리를 된소리, 즉 'ㅃ, ㄸ, ㄲ'로 발음해 주시면 더 자연스럽게 들립니다. 즉, '스터디'가 아니라 '스떠디'처럼 발음하는 것이 좋습니다. 따라서, 'I'm not always study English'는 '암 낫 어얼웨이즈 스떠디 잉-글리쉬'로 발음하면 원어민 느낌을 살릴 수 있는 좋은 방법입니다.

She isn't always on time.

'She isn't'는 각 단어가 '쉬 이즌트'로 발음되지만, 문장 안에서는 '쉬 이즌'처럼 발음하는 것이 더 자연스럽습니다. 이 발음에 익숙해지면 '쉬즌'으로 부드럽게 연결하여 연습해 보는 것이 더욱 원어민스러운 발음이 됩니다. 또한, 'always on'도 '어얼웨이즈 언'이 입에 붙으면 '어얼웨전'으로 부드럽게 연결시키는 연습이 필요합니다. 이처럼 연음을 활용하여 '쉬즌 어얼웨전 타임'으로 발음하는 것을 추천해 드립니다.

He doesn't often drink after work.

'doesn't'는 '더즌트'라고 강하게 발음하기보다는 '더즌'처럼 발음하는 것이 더 부드럽고 자연스럽게 들립니다. 이때 'He doesn't often'을 발음할 때는 '히 더즌 어픈'으로 자연스럽게 연결할 수 있습니다. 또한, 'drink after'는 '드링크 애프터'라고 하지 않고, '드링 애프터'라고 소리가 연결됩니다. 여기서 마지막에 나오는 'after'의 'ㅌ' 소리는 가볍게 소리를 내면서 발음하는 것이 더 세련된 발음처럼 느껴집니다.

의문문 말하기

Are you always studying English?	너는 항상 영어 공부하니?
Is she always on time?	그녀는 항상 제시간에 옵니까?
Does he often drink after work?	그는 일과 후 자주 술을 마십니까?

빈도부사가 사용된 의문문은 조동사(do/does)나 be동사를 문장 맨 앞으로 이동시키고, 빈도부사는 주어와 동사 사이에 위치합니다. 예를 들어, 'Are you always study English?'나 'Is she always on time'처럼 빈도부사는 주어와 동사 사이에 놓입니다. 일반동사 의문문에서는 조동사 do/does를 사용하여 'Does he often drink after work?'처럼 만듭니다. 주어가 3인칭 단수일 때는 does를 사용하며, 뒤에 나오는 동사는 원형으로 쓰입니다.

🔍 더 알아보기

의문사와 빈도부사는 의문사가 문장 앞에, 빈도부사는 주어와 동사 사이에 위치합니다.

- **What do you usually do?** (너는 보통 무엇을 하니?)

Are you always study English?

'Are you'는 원래 '알 유'로 발음되지만, 'Are you always'를 부드럽게 연결하면 '아 유 얼웨이즈'처럼 자연스럽게 이어집니다. 이때 'always'의 마지막 's' 소리는 자연스럽게 흘려 보내듯 발음하는 것이 중요합니다. 또한, 'study English'는 '스떠디 잉-글리쉬'라고 발음하지만, 두 단어를 연결하면 '스떠리 잉-글리쉬'처럼 자연스럽게 이어집니다. 전체 문장은 '아 유 얼웨이즈 스떠리 잉-글리쉬?'로 부드럽게 연결하며, 끝음을 살짝 올려 발음하는 것이 원어민스러운 발음을 연습하는 데 도움이 됩니다.

Is she always on time?

먼저 'Is she'는 '이즈 쉬'라고 끊어서 발음하지 않고, 부드럽게 연결해 '이쉬'처럼 발음하는 것이 자연스럽습니다. 'is' 와 'she' 소리가 자연스럽게 이어지면서 하나의 음절처럼 들리게 됩니다. 그다음 'always on'도 연음이 발생합니다. '올웨이즈 언'이라고 각각 발음하는 대신, 'alsways'의 끝 's' 소리와 'on'이 부드럽게 이어져 '올웨이전'처럼 들리도록 발음하면 원어민처럼 자연스럽습니다. 따라서 전체 문장은 '이쉬 올웨이전ㅍ 타임?'처럼 부드럽게 이어지며, 끝을 살짝 올려 의문문 느낌을 살리는 작은 포인트입니다.

Does he often drink after work?

'work' 발음은 천천히 연습하면 먼저 입술을 동그랗게 모아서 '워어얼-크'라고 발음합니다. 이 발음에 익숙해지면 '워얼크'라고 부드럽게 발음할 수 있습니다. 중요한 점은, 'walk'와 달리 'work'는 입을 많이 벌리지 않는 발음이라는 점입니다. 전체 문장 'Does he often drink after work?'를 원어민스럽게 발음하면 '더지 어픈 드링 애프터 워얼크?'처럼 자연스럽게 이어서 발음할 수 있게 됩니다.

원어민 발음되기

영어 발음 튜닝법을 생각하며 다음의 표시에 따라 연습해 보세요.
(   )는 묶어서 한 번에, 굵은 글씨는 문장 강세를 살려주는 부분입니다.

01. I **always study** English.　　　　○○○○○

02. (She is) (**always** on) **time**.　　　○○○○○

03. He **often** drinks after **work**.　　　○○○○○

04. I'm **not** (**always study**) English.　○○○○○

05. She **isn't** (**always** on) **time**.　　○○○○○

06. He **doesn't often drink** after work.　○○○○○

07. Are you **always studying English**?　○○○○○

08. (Is she) (**always** on) **time**?　　　○○○○○

09. (Does he) **often drink** after **work**?　○○○○○

10. **What** (do you) **usually do**?　　　○○○○○

11. He's **always happy** because he's **positive.**
○○○○○

12. They **never eat chocolate** because they (**hate it**).
○○○○○

13. I **usually** drink **water** every **morning. When (do you usually)** drink **water?**
○○○○○

14. **What** (do you) **usually do** on **vacation?**
○○○○○

15. (Does he) **often travel?**
○○○○○

16. They **usually get off** at 7.
○○○○○

17. We **often** (go to) **America** for **business.**
○○○○○

18. I **clean** my **house once** a **week.**
○○○○○

19. They (**wash her**) **car 10** times a **year.**○○○○○

20. My father (**washes his**) **car twice** a **week.**
○○○○○

일상 대화 속에서 말의 흐름을 따라가며 영어 발음 튜닝 팁을 생각하며 연습
해 보세요.

 Hi, Mark. It's great to see you. What are you doing here?
안녕, 마크. 만나서 반가워. 여기서 뭐 하고 있었어?

Hi, Tom. I'm always coming here to shop. What about you?
안녕, 톰. 난 여기 쇼핑하러 맨날 와. 너는?

I'm going to the airport. I usually travel for work.
난 공항 가는 중이야. 나 종종 출장가.

That sounds exciting. How often do you travel?
그거 흥미롭네. 얼마나 자주 출장가?

I travel about twice a month. How often do you come here?
한 달에 두 번 정도. 넌 얼마나 자주 여기 와?

I come here every weekend. I like the stores.
난 매 주말마다 와. 가게들을 좋아하거든.

That's nice. Do you ever travel, Mark?
좋네. 마크, 넌 여행 다녀?

Yes, but not often. I sometimes visit my family in another city.
응, 근데 자주는 말고. 어쩌다가 다른 도시에 가족 보러 가.

 That's good. I rarely get to see my family because of work.
좋겠다. 난 일 때문에 가족 거의 못 보거든.

 Wow that's tough. Do you ever get time to relax?
힘들겠다. 휴식을 취할 시간은 좀 있나?

 Occasionally. But I'm often busy with meetings.
가끔. 근데 평상시에는 회의 때문에 바빠.

 I see. Have a safe trip. Bye, Tom!
그렇구나. 안전한 여행 되길 바래. 안녕, 톰!

 Thanks, Mark. See you later.
고마워, 마크. 다음에 봐.

단어 배우기

Twice a month 한 달에 두 번   Have a safe trip 안전한 여행 되세요

회화 마스터하기

원어민들의 롤플레이를 듣고, 빈칸에 들어갈 말을 완성해 보세요.

 Hi, Mark. It's great to see you. What are you doing here?
안녕, 마크. 만나서 반가워. 여기서 뭐 하고 있었어?

안녕, 톰. 난 여기 쇼핑하러 맨날 와. 너는?

 I'm going to the airport. I usually travel for work.
난 공항 가는 중이야. 나 종종 출장가.

그거 흥미롭네. 얼마나 자주 출장가?

 I travel about twice a month. How often do you come here?
한 달에 두 번 정도. 넌 얼마나 자주 여기 와?

난 매 주말마다 와. 가게들을 좋아하거든.

 That's nice. Do you ever travel, Mark?
좋네. 마크, 넌 여행 다녀?

응, 근데 자주는 말고. 어쩌다가 다른 도시에 가족 보러 가.

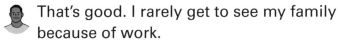
That's good. I rarely get to see my family because of work.
좋겠다. 난 일 때문에 가족 거의 못 보거든.

힘들겠다. 휴식을 취할 시간은 좀 있나?

Occasionally. But I'm often busy with meetings.
가끔. 근데 평상시에는 회의 때문에 바빠.

그렇구나. 안전한 여행 되길 바래. 안녕, 톰!

Thanks, Mark. See you later.
고마워, 마크. 다음에 봐.

다음은 빈도부사 패턴이 활용된 이야기입니다.
데니얼 선생님의 쉐도잉 영상을 참고하여 따라 읽어보세요.

Emily usually wakes up at 7 a.m. She always has a cup of coffee before starting her day. After that, she often goes for a short run around her neighborhood. She rarely misses her morning exercise because it helps her feel energized. During the day, Emily sometimes works from home, but she usually goes to her office. At work, she is always busy with meetings and projects. Her job keeps her on her toes, and she often has to stay late to finish her tasks.

In the evening, Emily never skips dinner with her family. They always have dinner together, and she enjoys the time they spend talking about their day. Occasionally, they go out to eat at a restaurant, but they mostly eat at home. Emily likes to relax with a book before going to bed.

에밀리는 보통 아침 7시에 일어납니다. 그녀는 항상 하루를 시작하기 전에 커피 한 잔을 마십니다. 그 후, 그녀는 종종 동네를 짧게 달리기를 하러 나갑니다. 아침 운동은 에밀리에게 활력을 주기 때문에 거의 빼먹지 않습니다. 낮 동안, 에밀리는 때때로 집에서 일하지만, 보통 사무실로 출근합니다. 직장에서 그녀는 항상 회의와 프로젝트로 바쁩니다. 그녀의 일은 늘 긴장하게 만들고, 종종 일을 끝내기 위해 늦게까지 일을 합니다. 저녁에는 에밀리는 가족과의 저녁을 절대 놓치지 않습니다. 그들은 항상 함께 저녁을 먹으며, 하루동안 있었던 이야기를 나누는 시간을 즐깁니다. 가끔 식당에 외식하러 나가기도 하지만, 대부분 집에서 식사를 합니다. 에밀리는 잠자리에 들기 전에 책을 읽으며 휴식을 취하는 것을 좋아합니다.

표현 말하기

Neighborhood
- 동네

On her toes
- 긴장한 상태로, 준비된 상태로

Work from home
- 재택근무 하다

과거의 상태를 말해주는 be동사 과거형

🎯 **학습 목표 확인하기**

- be동사 과거형의 쓰임을 마스터합니다.
- be동사 과거형을 사용한 문장을 만들 수 있다.
- be동사 과거형이 들어간 문장의 핵심 발음 팁을 마스터합니다.

  • There were so many cars in Seoul.

미리보기 ❶   지난주에 부산에 있었다.
I was in 부산 last week.

미리보기 ❷   우리 지난주에 부산에 있지 않았다.
We were not in 부산 last week.

미리보기 ❸   지난주에 그들은 부산에 있었나요?
Were they in 부산 last week?

과거의 나의 상태나 위치를

나타낼 때

사용하는

be동사

이번에는

과거형을 마스터해봅시다!

평서문 말하기

I was in 부산 last week.	지난주에 부산에 있었다.
There were many cars in 서울.	서울에 차가 많이 있다.
He was playing soccer yesterday.	그는 어제 축구를 하는 중이었어.

be동사 과거 시제는 주어의 과거 상태나 위치를 표현합니다. 주어에 따라 was와 were가 사용되는데, 1인칭 I, 3인칭 단수 He, She, It, 주어에는 was를, 그리고 2인칭 You, 복수 They, We 주어에는 were를 사용합니다.

더 알아보기

주어 종류	be동사
this, that,	was
these, those	were

this와 that의 복수형은 각각 these(이것들)와 those(저것들)입니다. 사람이나 사물 등 모든 것을 가리킬 때 사용 가능하며, this/these는 가까운 거리에 있는 사람이나 사물을, that/those는 먼 거리에 있는 사람이나 사물을 가리킬 때 사용합니다.

I was in 부산 last week.

'I was in'은 각각 끊어서 발음하는 대신 '아 워즈 인'으로 자연스럽게 연결하여 한 번에 뱉어낼 수 있는 발음입니다. 이때, 끊김 없이 부드럽게 이어지는 것이 중요합니다. 또한, 'last week'는 '라스트 위크'라고 딱딱하게 발음하기보다 '래-스트 위크'처럼 부드럽게 연결해서 발음하는 것이 좋습니다. 여기서 't' 소리는 약하게 처리하여 자연스럽게 발음하는 것이 포인트입니다.

There were many cars in 서울.

'There were'는 '데얼 워'로 각각 끊어서 발음하는 대신 '데월'로 자연스럽게 연결하여 발음할 수 있습니다. 뒤에 나오는 'many cars'는 '매니 카알쓰'로 발음이 됩니다. 특히, 'cars'에서 'r' 소리는 부드럽게 넘어가고, 's' 소리는 '즈' 소리가 아닌 '쓰'에 가까운 소리를 내며 자연스럽게 흘러가듯 발음하는 것이 팁입니다. 전체 문장을 스피킹 팁을 적용해서 발음하면 '데월 매니 카알쓰 인 서울' 이렇게 한 호흡으로 한 번에 문장을 발음할 수 있습니다.

He was playing soccer yesterday.

주어진 예문 중 'playing'에서 '-ing'은 문장 속에서 빠르게 발음될 때 '잉' 보다 '인'으로 발음됩니다. 'g' 소리가 사라지는 거죠. 전체 문장에서 보면 '히 워즈 플레인 사커ㄹ 예스떨데이'처럼 부드럽게 이어지며, 특히, '예'에 힘을 줘서 발음하는 것이 자연스럽고 적절합니다.

부정문 말하기

I wasn't in 부산 last week.	나 지난주에 부산에 없었어.
There weren't many cars in 서울.	서울에 차가 그리 많지 않았어.
He wasn't playing soccer yesterday.	그는 어제 축구를 하는 중이 아니였어.

과거형 부정문은 be동사의 과거형인 was 또는 were에 not을 붙여 'was not' 또는 'wasn't 또는 'were not' 또는 'weren't의 형태로 만듭니다. was 는 1인칭 및 3인칭 단수 주어와 함께, were는 2인칭 및 복수 주어와 함께 사용됩니다. 이를 통해 주어의 과거 상태나 행동이 일어나지 않았음을 표현합니다.

 더 알아보기

There **wasn't water** in the cup. vs. There **was no water** in the cup.

'There was no water in the cup.'는 물이 전혀 없었다는 것을 강하게 강조합니다. 반면, 'There wasn't water in the cup.'는 단순히 물이 없었음을 나타내며, 다른 액체가 있을 가능성을 표현할 수 있고 부정의 강도는 약합니다.

I wasn't in 부산 last week.

'wasn't'는 입모양을 '우'로 만들고 발음을 시작하여 '워즌트'로 발음이 되지만 앞에 나온 주어와 연결시켜 '아 워즌'으로 발음하는 것이 자연스럽습니다. 이때, 't' 소리는 생략해도 됩니다. '아이 워즌 인 부산 래-스트 위크'로 전체를 한 호흡으로 끊김없이 발음할 수 있습니다. '래-스트 위-크'에서도 't' 소리는 거의 발음하지 않고 바로 '위-크'로 연결하는 것이 좋습니다.

There weren't many cars in 서울.

'There weren't'는 '데얼 워런트'로 발음이 되지만, 't'는 발음을 끝까지 하는 것이 아니라 't' 발음을 멈춰 '워얼은'처럼 들립니다. 'There weren't'를 문장 안에서 발음을 하면 'r' 소리가 연속으로 나오기 때문에, 두 번 발음하지 않고 한 번만 발음하여 '데얼원트'처럼 자연스럽게 이어서 발음하는 것이 원어민 느낌을 살릴 수 있는 팁입니다.

He was playing soccer yesterday.

He wasn't"는 빠르게 발음될 때 't' 소리가 약하게 들리거나 생략되어 '히 워즌'처럼 들릴 수 있습니다. 추가로. 'Yesterday'는 'yes'와 'terday'를 분리하지 않고 하나의 단어처럼 부드럽게 이어서 '예스떨데이'로 발음되는데, 'yesterday'의 'y'는 '예'로 발음되는데 힘을 줘서 발음을 합니다. '-ter'은 천천히 나누어서 발음을 하면 '터얼'로 되지만 문장안에서 빠르게 발음될 때는 '떨'로 발음됩니다.

의문문 말하기

Were they in 부산 last week?	그들은 지난주에 부산에 있었나요?
Were there many cars in 서울?	서울에 차가 많았나요?
Was he playing soccer yesterday?	그는 어제 축구를 하는 중이였나요?

be동사의 과거형 의문문은 was나 were를 사용해 주어의 과거 상태나 존재를 묻습니다. 의문문을 만들 때는 was 또는 were를 주어 앞으로 이동시킵니다. Was는 1인칭 및 3인칭 단수 주어 'I, he, she, it'과 함께 were는 2인칭 'you' 및 복수 주어 'we, they'와 함께 사용됩니다.

🔍 더 알아보기

be동사 의문문에 답할 때, 현재 시제에서는 am/is/are를, 과거 시제에서는 was/were를 사용합니다. 긍정 답변은 'Yes, + 주어 + be동사', 부정 답변은 'No, + 주어 + be동사 + not' 형식으로 답합니다.

- **Are you busy?**   **Yes, I am. / No, I'm not.**
  (바빠?)   (응, 나 바빠. / 아니, 바쁘지 않아.)
- **Were they at the party? Yes, they were. / No, there weren't.**
  (그들은 파티에 있었어?)   (응, 그들은 파티에 있었어.
                           / 아니, 그들은 파티에 없었어.)

Were they in 부산 last week?

'Were they in'은 각각 단어는 '워얼 데이 인'으로 발음되지만 하나의 소리처럼 붙여서 발음할 수 있는데, '월데인'으로 붙여 발음하는 것이 문장을 발음할 때 자연스럽습니다. 따라서 전체 문장에 팁을 적용해 보면, '월데인 부산 래-스트 위크?'라고 발음하는 것이 자연스럽습니다.

Were there many cars in 서울?

앞에서 'There were' 발음 팁을 말씀드렸는데, 그렇다면 'Were there'의 발음 팁은 어떻게 될까요? 바로, '월데'라고 한 소리처럼 붙여서 발음하는 것이 핵심입니다. 전체 문장에 발음 팁을 적용해서 발음해 보면. '월데 카알쓰 인 서울?'로 완성할 수 있습니다.

Was he playing soccer yesterday?

'Was he'는 '워즈 히'로 두 단어를 나누어서 소리내는 것이 아니라 '워지'로 빠르게 발음할 수 있습니다. '워지 플레인 사커ㄹ 예스터데이?'로 발음하는 것이 자연스럽습니다. 위의 세 예문 모두 의문문이기 때문에 끝음을 올리는 것이 조금 더 자연스럽습니다.

원어민 발음되기

영어 발음 튜닝법을 생각하며 다음의 표시에 따라 연습해 보세요.
(　)는 묶어서 한 번에, 굵은 글씨는 문장 강세를 살려주는 부분입니다.

01. I'm (**talking** on the **phone**).　　　○○○○○

02. (There **were**) **many cars** in 서울.　　○○○○○

03. He was **playing** soccer **yesterday**.　○○○○○

04. I (**wasn't** in) 부산 **last week**.　　　○○○○○

05. There **weren't many cars** in 서울.　　○○○○○

06. He **wasn't playing** soccer **yesterday**.
　　　　　　　　　　　　　　　　　　　○○○○○

07. Were they in 부산 **last week**?　　　○○○○○

08. Were there **many cars** in 서울?　　○○○○○

09. Was he **playing** soccer **yesterday**?　○○○○○

10. There was **no water** in the **cup**.　○○○○○

11. I (was a **student**) 10 **years ago** but **not now.**
○○○○○

12. She was **happy yesterday** but she's **sad today.** Because it's **Monday today.**
○○○○○

13. (I was in) **New York yesterday** for **business.**
○○○○○

14. (There was an) **earthquake** in **Japan yesterday.**
○○○○○

15. (**Why** were you) at **Jack's house yesterday**? Because (there was a) **party** at **Jack's house.**
○○○○○

16. In **2002** there were **six rooms** in **my house.** But **three now.**
○○○○○

17. (**What** were **you doing**) at 3 **yesterday**?
○○○○○

18. (**Why** were you **working**) **yesterday**? It was **Sunday yesterday.**
○○○○○

19. (**Why** were they **going**) to **Jeju yesterday**?
○○○○○

20. (**Where** were they) **yesterday**? It was **a day off.**
○○○○○

일상 대화 속에서 말의 흐름을 따라가며 영어 발음 튜닝 팁을 생각하며 연습해 보세요.

Hi, Justin. What are you doing now?
안녕, 저스틴. 지금 뭐 하고 있어?

Hi, Timo. I'm on my way to the airport.
안녕, 티모. 난 지금 공항으로 가는 중이야.

Airport? Why are you going to the airport? It's Monday today.
공항? 공항 왜 가고 있는데? 오늘 월요일이잖아.

I'm going on a business trip to the States.
나 미국으로 출장 갈거야.

Oh, I took a day off today.
아, 나는 오늘 휴가 냈어.

Oh, did you have a day off yesterday too? I called the office but you were not there.
어제도 휴가였었지? 어제 회사로 전화했는데 없더라.

Yes, I had a day off yesterday too. I was playing basketball all day.
응, 어제도 휴가였어. 나 하루 종일 농구 했어.

Yesterday, I had dinner with Jonathan at my house.

어제 조나단이랑 우리 집에서 저녁 먹었어.

 Really?

진짜?

 Yes, we had a great time yesterday.

응, 우리 어제 좋은 시간 보냈어.

 That sounds nice.

즐거웠겠다.

 Next time, let's have dinner together.

다음에 우리도 같이 저녁 먹자.

 Sure, sounds good. Have a good business trip.

그래, 좋아. 출장 잘 다녀와.

 You too. And, don't forget to get some rest. See you when I get back.

너도. 쉬는 거 잊어버리지 말고. 나 돌아오면 보자

단어 배우기

On one's way to ~로 가는 중

Have a day off 하루 휴가를 보내다, 쉬다

Take a day off 하루 휴가를 내다

회화 마스터하기

원어민들의 롤플레이를 듣고, 빈칸에 들어갈 말을 완성해 보세요.

안녕, 저스틴. 지금 뭐 하고 있어?

Hi, Timo. I'm on my way to the airport.
안녕, 티모. 난 지금 공항으로 가는 중이야.

공항? 공항 왜 가고 있는데? 오늘 월요일이잖아.

I'm going on a business trip to the States.
나 미국으로 출장 갈거야.

아, 나는 오늘 휴가 냈어.

**Oh, did you have a day off yesterday too? I
called the office but you were not there.**
어제도 휴가였었지? 어제 회사로 전화했는데 없더라.

응, 어제도 휴가였어. 나 하루 종일 농구 했어.

154 귀와 입이 열리는 영어 말하기

Yesterday, I had dinner with Jonathan at my house.
어제 조나단이랑 우리 집에서 저녁 먹었어.

진짜?

 Yes, we had a great time yesterday.
응, 우리 어제 좋은 시간 보냈어.

즐거웠겠다.

 Next time, let's have dinner together.
다음에 우리도 같이 저녁 먹자.

그래, 좋아. 출장 잘 다녀와.

 You too. And, don't forget to get some rest. See you when I get back.
너도. 쉬는 거 잊어버리지 말고. 나 돌아오면 보자

다음은 be동사 과거형이 활용된 이야기입니다.
데니얼 선생님의 쉐도잉 영상을 참고하여 따라 읽어보세요.

Last weekend, I was at the beach with my friends. The weather was perfect, and the sun was shining brightly. We were excited to spend the whole day there. The beach was crowded with families, and everyone seemed to be having a good time. There were many kids playing in the sand, and some were swimming in the ocean. In the afternoon, the weather got a little cloudy, but it wasn't too bad. We were still enjoying ourselves, playing volleyball and taking walks along the shore. I was feeling so relaxed, listening to the sound of the waves. My friend Sarah was reading a book under the umbrella, and the others were chatting and laughing together. By evening, we were all tired but happy. We packed our things and headed back to the car. The day was amazing, and we were glad we spent it together. As we drove back home, we talked about how much fun it was and planned to go back again soon.

해석하기

지난 주말, 나는 친구들과 해변에 있었어. 날씨는 완벽했고, 태양은 밝게 빛나고 있었어. 우리는 하루 종일 그곳에서 시간을 보내는 것에 신이 났지. 해변은 가족들로 붐볐고, 모두가 즐거운 시간을 보내는 것처럼 보였어. 모래에서 놀고 있는 아이들이 많았고, 일부는 바다에서 수영을 하고 있었어.

오후가 되자 날씨가 조금 흐려졌지만 그렇게 나쁘지는 않았어. 우리는 여전히 배구를 하거나 해변을 따라 산책하며 즐기고 있었어. 나는 파도 소리를 들으면서 매우 편안함을 느꼈어. 내 친구 사라는 파라솔 아래에서 책을 읽고 있었고, 다른 친구들은 함께 이야기를 나누며 웃고 있었어.

저녁이 되자 우리는 모두 피곤했지만 행복했어. 우리는 짐을 챙겨 차로 향했어. 그날은 정말 멋진 하루였고, 함께 보낸 시간이 좋았어. 집으로 돌아가는 길에 우리는 얼마나 즐거웠는지 이야기하며, 다시 가기로 계획했어.

표현 말하기

Be excited to
- ~에 신이 났다

Everyone seemed to be
- 모두가 ~인 것처럼 보였다

했던 일을 말하는 일반동사 과거형

🎯 학습 목표 확인하기

- 일반동사 과거형 규칙 및 불규칙 변화를 이해합니다.
- 일반동사 과거형을 사용하여 문장을 구성할 수 있습니다.
- 일반동사 과거형이 사용된 핵심 발음 팁을 익힙니다.

- She fought her brother the day before yesterday.

미리보기 ❶ 그녀는 그저께 그녀의 오빠와 싸웠다.

She fought her brother the day before yesterday.

미리보기 ❷ 그들은 어제 미국에 가지 않았다.

They didn't go to America yesterday.

미리보기 ❸ 그녀는 그저께 그녀의 오빠와 싸웠니?

Did she fight her brother the day before yesterday?

움직임을 나타낼 때 우리는

일반동사를 사용한다는 것을

익혔습니다.

그럼 과거에 했던 일을 말할 때는?

바로

일반동사 과거형을 사용하여

표현합니다.

평서문 말하기

She fought her brother the day before yesterday.	그녀는 그저께 그녀의 오빠와 싸웠다.
I walked to the park yesterday.	나는 어제 공원까지 걸어갔어.
We ate dinner at 7 p.m.	우리는 저녁 7시에 저녁을 먹었어.

일반 동사의 과거형은 규칙 변화와 불규칙 변화로 구분됩니다. 규칙 변화는 동사 끝에 '-ed'를 붙여 만들며, 예를 들어 'walk'는 'walked'가 됩니다. 반면, 불규칙 동사는 정해진 규칙 없이 동사마다 형태가 다르기 때문에 나올 때마다 외워야 합니다.

🔍 더 알아보기

불규칙 동사는 'A-A-A, A-B-C, A-B-B' 형태로 구분할 수 있습니다. 아래 표는 각 형태의 대표적인 동사들의 예시를 정리한 것입니다.

형태	예시
A-A-A	cut - cut - / hit - hit
A-B-C	go - went - gone / see - saw - seen
A-B-B	buy - bought - bought / teach - taught - taught

She fought her brother the day before yesterday.

주어진 예문에서 'fought her'는 '포우투 허'로 발음되지 않습니다. 먼저, 'fought'는 '포우트'가 아닌 '파우트'에 더 가까운 소리입니다. '파우트 허'로 발음되지만, 두 단어를 자연스럽게 연결하면 'her'의 'h' 소리가 약해져서 '파우럴'처럼 발음됩니다.

I walked to the park yesterday.

이번 예문에서는 한국인이 많이 틀리는 발음 'walk'에 대한 팁을 드려보겠습니다. 'walk'는 보통 '월-ㅋ'로 발음하면 상대방은 'work'로 생각합니다. 'walk'에서 'ㅣ'소리는 묵음입니다. 입을 앞으로 쭉 내밀고 '워-크'로 발음하는 것이 정확한 발음입니다. '아이 워-크 투'가 되지만 이 부분을 조금 빠르게 하면 '아이 월-투'로 자연스럽게 연결할 수 있습니다.

We ate dinner at 7 p.m.

'dinner at'을 개별 단어로 발음하면 '디너 애트'가 되지만, 두 단어를 한 소리처럼 붙여서 발음하면 '디너랫'처럼 들립니다. 이는 'dinner'에 'r'소리가 'at'의 소리와 연음이 되면서 '디너랫'으로 들리게 됩니다. 전체 문장을 '위 에이트 디너랫'처럼 부드럽게 이어서 발음하면 더 자연스럽게 들립니다.

부정문 말하기

They didn't go to America yesterday.	그들은 어제 미국에 가지 않았다.
I didn't walk to the park yesterday.	나는 어제 공원까지 걸어가지 않았다.
We didn't eat dinner at 7 p.m.	우리는 저녁 7시에 저녁을 먹지 않았다.

일반동사 과거형 부정문은 'did not(=didn't)'를 사용해 만듭니다. 조동사 did를 사용하면 그 뒤에는 '동사원형'이 와야 합니다. 예를 들어, 'I walked'를 부정문으로 표현하면 'I did not walk' 또는 'I didn't walk'가 됩니다. 주어 인칭, 단·복수에 관계없이 'didn't + 동사원형' 패턴으로 과거의 동작이 일어나지 않았음을 표현할 수 있습니다.

🔍 더 알아보기

'자음(a,e,i,o,u) + -y'로 끝나는 동사들의 과거형 변화 규칙

'자음 + -y'로 끝나는 동사 과거형을 만들 때, '-y'를 '-i'로 바꾸고 '-ed'를 붙여 표현합니다. 대표적인 동사로 'carry'와 'study'가 있습니다.

- carry → carried
- study → studied
- cry → cried

They didn't go to America yesterday.

They didn't'는 빠르게 발음하면 '디든'처럼 들리며, 't' 소리가 약해져 거의 들리지 않습니다. 'go to'는 '고우 투'가 아닌 '고루'처럼 자연스럽게 연결되어 발음됩니다. 'They didn't go to'를 한 번에 한 소리처럼 연결하면, '데이 디든 고루'로 연결이 됩니다.

I didn't walk to the park yesterday.

'didn't'는 빠르게 발음하면 't'소리가 약해져, '디든'처럼 들립니다. 'I didn't walk to'를 자연스럽게 연결하면 '아이 디든 월-투'로 이어지고 뒤에 나오는 'the'는 거의 들리지 않고, 'part'로 바로 연결되는 것처럼 들립니다. 'park'는 '팔ㅋ'로 발음이 됩니다. 때로는 '펄ㅋ'처럼 들리기도 하는데, 'park'에 입모양이 '파'와 '퍼' 사이에서 발음되기 때문에 그렇게 들립니다. 'yesterday'는 부드럽게 '예스떨데이'로 이어지며, 전체적으로 '아이 디든 월-투 더 팔ㅋ 예스떨데이'처럼 발음하는 것이 자연스럽습니다.

We didn't eat dinner at 7 p.m.

'We didn't'는 빠르게 발음하면 '위 디든'처럼 't' 소리가 약하게 들립니다. 'eat dinner'는 부드럽게 연결되어 '이트 디너'보다는 '잇 디너'처럼 발음됩니다. 'dinner at'은 '디너 애트' 대신 '디너래트'로 이어서 발음하는 것이 좋습니다. 전체 문장을 자연스럽게 발음해보면 '위 디든 잇 디너랫 세븐 피엠'처럼 들리는 걸 확인할 수 있습니다.

의문문 말하기

Did she fight her brother the day before yesterday?	그녀는 그저께 그녀의 오빠와 사웠니?
Did you walk to the park yesterday?	너 어제 공원까지 걸어 갔었니?
Did they eat dinner at 7 p.m?	그들은 저녁 7시에 저녁을 먹었니?

일반동사 과거형 의문문은 Did로 시작하고, 그 뒤에 주어와 동사원형이 옵니다. 예를 들어, 'Did she fight her brother the day before yesterday?'에서 'fight'는 원형으로 사용됩니다. 주어와 관계없이 'Did + 주어 + 동사원형'의 구조를 통해 과거의 동작이나 상태를 질문할 수 있습니다.

🔍 더 알아보기

일반동사 과거형 의문문에서는 'Yes/No'로 간단하게 답할 수 있으며, Yes, + 주어 + did 또는 No, + 주어 + didn't의 형태로 대답합니다. 또한, 의문사가 있을 때는 의문사 뒤에 did를 배치하고, 그 뒤에 주어 + 동사원형을 사용합니다.

- **Did you walk to the park?** (공원까지 걸었어?)
  Yes, I did. / No, I didn't. (응, 걸었어. / 아니, 걸어가지 않았어.)
- **Where did she go yesterday?** (어제 그녀는 어디에 갔었대?)
  She went to the store. (그녀는 가게에 갔었어.)

Did she fight her brother the day before yesterday?

'fight'는 원래 '파이트'로 발음되지만, 뒤에 'her'가 올 때 두 단어가 빠르게 연결되면 'h' 소리가 약해지고, 'fight'의 't' 소리와 'her'의 'er' 소리가 연음되어 '파이럴'처럼 들립니다. 이렇게 두 단어가 자연스럽게 하나의 소리로 이어지면 원어민 발음에 가깝게 됩니다.

Did you walk to the park yesterday?

'Did you'는 소리 하나하나는 '디드 유'이지만 빠르게 발음하면 '디쥬'처럼 연결됩니다. 전체 문장을 스피킹 팁을 적용하여 발음해보면 '디쥬 웍-투 (더) 팔ㅋ 예스떨데이?'로 끝음을 올리며 부드럽게 이어서 발음하는 것이 좋습니다. 이때, 'the'는 소리가 아주 약해지기 때문에 거의 발음되지 않은 것 처럼 들릴 수 있습니다.

Did they eat dinner at 7 p.m?

'Did they'는 빠르게 한 번에 묶어서 발음하면 '디드 데이'대신 '디데이'처럼 드립니다. 또한. 'eat dinner'는 '잇 디널'로 연결이 되면서 동시에 'at'과도 연음으로 처리할 수 있습니다. 그렇게 되면, '디데이 잇 디너랫 세븐 피엠?'으로 자연스럽게 한 호흡으로 한 문장을 말할 수 있습니다.

원어민 발음되기

영어 발음 튜닝법을 생각하며 다음의 표시에 따라 연습해 보세요.
(　)는 묶어서 한 번에, 굵은 글씨는 문장 강세를 살려주는 부분입니다.

01. She (**fought** her **brother**) the **day before yesterday**. ○○○○○

02. I (**walked** to the **park**) **yesterday**. ○○○○○

03. We **ate** (**dinner** at) **7 p.m.** ○○○○○

04. They **didn't** (**go** to) **America yesterday**. ○○○○○

05. I **didn't** (**walk** to the **park**) **yesterday**. ○○○○○

06. We **didn't eat** (**dinner** at) **7 p.m.** ○○○○○

07. Did she (**fight** her **brother**) the **day before yesterday**? ○○○○○

08. Did you (**walk** to the **park**) **yesterday**? ○○○○○

09. Did they **eat** (**dinner** a)t **7 p.m**? ○○○○○

10. **Where** (did she go) **yesterday**? ○○○○○

11. **Why** did they (go to) **America yesterday? I can't work alone today**. ○○○○○

12. He **didn't (go to) school last week.** ○○○○○

13. My family **enjoyed rafting yesterday.** ○○○○○

14. We had **beef** for **dinner yesterday.** ○○○○○

15. I **didn't take medicine yesterday.** ○○○○○

16. (Did she **take**) **medicine yesterday?**○○○○○

17. (Did we **have**) **coffee together two weeks ago**? ○○○○○

18. We **moved** to a (**new house**) **last year.** ○○○○○

19. He **played soccer** (with his **friends**) **yesterday.** ○○○○○

20. She (**read a book**) **last weekend.** ○○○○○

회화로 말문트기

일상 대화 속에서 말의 흐름을 따라가며 영어 발음 튜닝 팁을 생각하며 연습해 보세요.

 Hi, Lee. How was your weekend?
안녕, 리. 주말 어땠어?

 Hi, Mark. It was great. I went on a trip.
안녕, 마크. 정말 좋았어. 나 여행 다녀왔어.

 Really? Where did you go?
진짜? 어디로 갔는데?

 I went to the mountains. What about you?
산에 갔어. 너는?

 I stayed home and relax. What did you do in the mountains?
난 집에서 쉬었어. 산에 가서 뭐 했어?

 I hiked and took a lot of photos. The view was amazing.
등산하고 사진도 많이 찍었어. 뷰가 끝내줬어.

 That sounds fun. Did you stay overnight?
재밌겠었네. 하룻밤 자고 온 거야?

Yes, I stayed in a small cabine and it was very cozy.

응, 작은 오두막에서 지냈었는데 엄청 아늑했어.

 Did you go alone?

혼자 갔었어?

 No, I went with my family and we had a great time together.

아니, 가족이랑 갔고 우리 아주 좋은 시간을 보냈지.

 That's nice. What did you eat there?

좋겠다. 거기서 뭐 먹었어?

 We cooked some barbecue. It was so delicious.

우리 고기 좀 구워 먹었어. 정말 맛있었어.

 Wow, that sounds wonderful. I should go there sometime.

와, 대박이다. 나도 나중에 가봐야겠다.

 Yes, you should. It's a beautiful place.

응, 꼭 가봐. 아름다운 곳이야.

단어 배우기

Stay overnight 하룻밤 머무르다   Cabin 오두막

회화 마스터하기

원어민들의 롤플레이를 듣고, 빈칸에 들어갈 말을 완성해 보세요.

안녕, 리. 주말 어땠어?

Hi, Mark. It was great. I went on a trip.
안녕, 마크. 정말 좋았어. 나 여행 다녀왔어.

진짜? 어디로 갔는데?

I went to the mountains. What about you?
산에 갔어. 너는?

난 집에서 쉬었어. 산에 가서 뭐 했어?

I hiked and took a lot of photos. The view was amazing.
등산하고 사진도 많이 찍었어. 뷰가 끝내줬어.

재밌겠었네. 하룻밤 자고 온 거야?

Yes, I stayed in a small cabine and it was very cozy.

응, 작은 오두막에서 지냈었는데 엄청 아늑했어.

혼자 갔었어?

 No, I went with my family and we had a great time together.

아니, 가족이랑 갔고 우리 아주 좋은 시간을 보냈지.

좋겠다. 거기서 뭐 먹었어?

 We cooked some barbecue. It was so delicious.

우리 고기 좀 구워 먹었어. 정말 맛있었어.

와, 대박이다. 나도 나중에 가봐야겠다.

 Yes, you should. It's a beautiful place.

응, 꼭 가봐. 아름다운 곳이야.

다음은 일반동사 과거형 패턴이 활용된 이야기입니다.
데니얼 선생님의 쉐도잉 영상을 참고하여 따라 읽어보세요.

Yesterday, Emily went to the park with her dog. She walked along the path, enjoying the cool breeze. Many people were there, and they all seemed to be having a good time. Emily met a friend and they talked for a while. Afterward, she played fetch with her dog in the open field. Emily didn't stay at the park for too long because she had some work to do at home. She didn't bring her picnic basket either, so she couldn't stay for lunch. Her dog looked tired after running, so they both decided to head back home earlier than planned. When Emily returned home, her mother asked, "Did you have fun at the park?" Emily replied, "Yes, I did! The weather was perfect, and the park was beautiful today." Her mother smiled and said, "That's great! Maybe next time, we can all go together."

어제, 에밀리는 그녀의 강아지와 함께 공원에 갔습니다. 그녀는 길을 따라 걸으며 시원한 바람을 즐겼습니다. 많은 사람들이 그곳에 있었고, 모두 즐거운 시간을 보내는 것처럼 보였습니다. 에밀리는 친구를 만나 잠시 이야기를 나누었습니다. 그 후, 그녀는 넓은 들판에서 강아지와 함께 공놀이를 했습니다. 에밀리는 집에서 해야 할 일이 있었기 때문에 공원에 오래 머무르지 않았습니다. 또한, 그녀는 피크닉 바구니를 가져오지 않아서 점심을 먹을 수 없었습니다. 강아지가 뛰어다닌 후 피곤해 보여서, 계획보다 일찍 집으로 돌아가기로 했습니다. 집에 돌아왔을 때, 에밀리의 어머니가 물었습니다. "공원에서 즐거운 시간 보냈니?" 에밀리는 "네, 그랬어요! 날씨도 완벽했고, 오늘 공원도 정말 아름다웠어요."라고 대답했습니다. 어머니는 미소를 지으며 말했습니다. "그거참 좋구나! 다음번에는 우리 모두 함께 가면 좋겠네."

표현 말하기

Enjoy the cool breeze
- 시원한 바람을 즐기다

Head back from
- 집으로 돌아가다

수와 양을 나타내는 수량 형용사

🎯 학습 목표 확인하기

- 수량 형용사의 개념을 이해하고 사용할 수 있다.
- 수량 형용사를 사용한 문장을 만들 수 있다.
- 수량 형용사가 들어간 문장의 핵심 발음 팁을 마스터합니다.

  • I have many friends.

미리보기 ❶   나는 많은 친구가 있다.
I have many friends.

미리보기 ❷   나는 돈이 많지 않아요.
I don't have much money.

미리보기 ❸   차를 많이 가지고 있습니까?
Do you have a lot of cars?

'많은, 적은, 거의 없는, 조금 있는'

이런 말을 하기 위해서

영어로는

'many, much, few, a few, little a little'

같은 수량 형용사를 사용합니다.

평서문 말하기

I have many friends.	나는 많은 친구가 있다.
I have a lot of information.	나는 많은 정보를 가지고 있다.
There is a little water in the cup.	컵에 물이 조금 있다.

수량 형용사는 명사의 양이나 수를 나타내며, 셀 수 있는 명사와 셀 수 없는 명사에 따라 다르게 사용됩니다. 'many'는 셀 수 있는 명사에 쓰이며, 'a lot of'는 셀 수 있는 명사, 셀 수 없는 명사 둘 다 사용할 수 있습니다. 'A little'은 셀 수 없는 명사와 함께 적은 양을 나타냅니다. 이 외에도 'much, few, a few, little' 같은 것들도 있습니다.

더 알아보기

	셀 수 있는 명사	셀 수 없는 명사
많은	many	much
	a lot of	
조금있는	a few	a little
거의없는	few	little

I have many friends.

'I have'는 우선 '아이 해브'로 발음해도 괜찮지만, 빠르게 연결할 때는 '아이브'로 연결이 됩니다. 그 뒤에 나오는 'many'는 정확하게 '매니'라고 발음을 하면서 'friends'로 연결이 되는데, 이때 '프렌즈'에서 '-rien'에 해당하는 '렌'을 조금 강하게 발음하면 자연스럽게 원어민같은 발음으로 문장을 말할 수 있습니다.

I have a lot of information.

'a lot of'는 천천히 발음하면 '어 랏 어브'로 들리지만 바르게 연결이 되면 '얼릿러'처럼 들립니다. '정보'라는 단어 'information'은 '인포메이션'이라고 발음하는 것이 아니라 '메'에 힘을 주어 '인퍼메이션'이라고 해야 합니다. '-tion' 발음을 할 때, 입술을 살짝 앞으로 해서 '쉬'에서 시작해 '션'으로 입모양을 바꾸어 발음합니다. '아이브 얼릿러 인퍼메이션'이라고 부드럽게 전체 문장이 한 호흡, 한 소리로 연결되어 집니다.

There is a little water in the cup.

'There is'는 '데얼 이즈'라고 해도 괜찮지만, 일상에서 빨리 말할 때는 '데얼즈'라고 자연스럽게 연음이 되어 발음됩니다. 우리가 흔히 말하는 'a little'은 '어 리틀'로 각각 발음할 수 있지만 문장 안에서 'a'소리는 거의 들리지 않고 '리틀'이 아닌 '리를'처럼 발음됩니다. 따라서 전체 문장은 '데엘즈 (어)리를 워럴 인 더 컵'이렇게 부드럽게 발음이 되는 것입니다.

부정문 말하기

I don't have much money.	나는 돈이 많지 않아요.
I don't have many friends.	나는 많은 친구가 있지 않다.
There isn't much water left.	남은 물이 많지 않아.

수량 형용사 부정문은 many와 much가 주로 사용됩니다. many는 셀 수 있는 명사와 함께 사용되며, much는 셀 수 없는 명사와 함께 쓰입니다. 부정문에서는 not이 들어간 형태로, '많지 않다'는 의미를 전달합니다. 어떤 사물이나 사람이 많지 않다는 사실을 부드럽게 전달할 때 유용합니다.

🔍 더 알아보기

few vs. little

- I have **few** friends. (친구가 거의 없다)
- There is **little** water in the cup. (물이 거의 없다)

'few'와 'little'은 부정의 의미를 가지고 있습니다. 각각 셀 수 있는 명사와 셀 수 없는 명사와 짝을 이루며 사용됩니다. 'few'는 거의 없는 수량을, 'little'은 거의 없는 양을 나타냅니다. 이들은 부족함을 표현하지만, 문장의 구조는 평서문 형태를 유지합니다.

I don't have much money.

'I don't have much money'는 한 호흡으로 연결해서 말할 수 있습니다. 여기서, 'don't'는 '돈트'가 아니라 '돈'으로, 'have'는 '해브'가 아니라 '햅'으로 발음하면 더 부드럽고 자연스럽습니다. 전체 문장을 빠르게 말하면 '아 돈 햅 마취 머니'처럼 원어민스럽게 발음할 수 있습니다.

I don't have many friends.

'아이 돈 해브 매니 프렌즈'라고 천천히 말해도 많은 사람들은 이해합니다. 하지만 일상생활에서 우리는 이렇게 천천히 말하는 것보다 더 빠르게 말하는 경우가 많습니다. 바로 이렇게요. '아 돈 햅 매니 프렌즈'라고 빠르게 말할 수 있습니다. 우리가 이렇게 말할 수 있어야 원어민들이 이렇게 말할 때 정확히 들을 수 있기 때문에 많은 연습이 필요합니다.

There isn't much water left.

'There isn't much water left'는 빠르게 발음하면 자연스럽게 연음이 되어 소리가 들리는데, 'There isn't'는 빠르게 말하면 '델이즌'로 자연스럽게 소리가 붙고, 전체 문장은 '델이즌 마취 워럴 레프트'처럼 들립니다. 이때 'isn't, much, left'에 약간의 강세를 주어 발음하면 '남아 있는 물이 많이 없다'를 조금 더 명확하게 전달 할 수 있습니다. 이렇게 속도와 강세를 가지고 발음하면 더 세련된 원어민스러운 발음을 가질 수 있습니다.

의문문 말하기

Do you have a lot of cars?	차를 많이 가지고 있습니까?
Do you have a lot of information?	정보를 많이 가지고 있나요?
Is there much water left?	남은 물이 많나요?

수량 형용사 의문문은 a lot of, much, many 등을 사용해 수량이나 양을 묻습니다. 'a lot of'는 셀 수 있는 명사와 셀 수 없는 명사 모두에 사용되어, 많은 수나 양을 질문할 때 쓰입니다. 'much'는 셀 수 없는 명사와 함께 사용되어 양을 묻고, 'many'는 셀 수 있는 명사와 함께 수를 묻습니다.

🔍 더 알아보기

수량 형용사 의문문은 'How many+셀 수 있는 명사'와 'How much+셀 수 없는 명사'를 사용합니다. 'Yes/No'로 답할 수 있으며, 'a few, a little'를 가지고 구체적인 답변이 가능합니다. 'enough'와 'more'는 특정 수량을 물을 때 쓰입니다.

- **Do we have enough chairs for everyone?**
  Yes, we have enough chairs.

Do you have a lot of cars?

'Do you'는 빠르게 '듀' 처럼 들리고, 'a lot of'는 '얼랏러'로 자연스럽게 이어집니다. 'cars'는 또한 명확하게 '카얼쓰'로 발음됩니다. 전체 문장을 한 호흡으로 이어보면, '듀 햅 얼랏러 카알쓰?'로 자연스럽게 발음할 수 있습니다. 문장 안에서 'Do, lot, cars'에 조금 더 힘을 주어 말하면 조금 더 자연스럽고 원어민스러운 발음이 됩니다.

Do you have a lot of information?

'information'이라는 단어는 흔히 '인포메이션'이라고 발음하지만, '-tion' 부분을 정확하게 발음하려면 입술을 앞으로 내밀고 '션'이라고 발음하는 것이 좋습니다. 또한, '메'에 강세를 주어 조금 더 힘 있게 발음하는 것이 좋습니다. 스피킹 팁을 적용하여 문장을 읽으면 '듀 햅 얼랏러 인퍼메이션?'으로 부드럽게 연결되어 자연스럽게 발음할 수 있습니다.

Is there much water left?

'Is there'는 '이즈 데어'보다는 빠르게 '이즈데어'처럼 붙여 발음하는 것이 자연스럽습니다. 그 뒤에 오는 'much water'는 '마취 워러'로 연결해서 빠르고 쉽게 발음할 수 있습니다. 'left'의 경우, 단어 첫소리에 'l'소리 나올 때는 '(을)레프트'로 연습하면서 혀의 위치를 잡는 것이 원어민 발음 연습에 도움이 됩니다. 익숙해지면 당연히 '을'소리는 자연스럽게 사라지게 되는 것이지요. 전체 문장을 적용하면 '이즈데어 마취 워럴 (을)레프트?'로 자연스럽게 연결되고, 살짝 올려주면 더욱 원어민스러운 발음이 됩니다.

원어민 발음되기

영어 발음 튜닝법을 생각하며 다음의 표시에 따라 연습해 보세요.
(   )는 묶어서 한 번에, 굵은 글씨는 문장 강세를 살려주는 부분입니다.

01. (I have) **many friends.**   ○○○○○

02. (I have a) **lot** of **information.**   ○○○○○

03. (There is **a**) **little water** in the **cup.**   ○○○○○

04. I **don't** have **much money.**   ○○○○○

05. I **don't** have **many friends.**   ○○○○○

06. (There **isn't**) **much** water **left.**   ○○○○○

07. (Do you have **a lot** of) **cars?**   ○○○○○

08. (Do you have **a lot** of) **information?**○○○○○

09. Is there **much water left?**   ○○○○○

10. (Do we have) **enough chairs** for **everyone?**
　　　　　　　　　　　　　　　　　　　○○○○○

11. (There are a **lot of**) **things** to **eat** (in their **house**). ⊘⊘⊘⊘⊘

12. He (has **a little money**), but I have **little money**. ⊘⊘⊘⊘⊘

13. (**How much water**) (is there) (in their **bottle**)? ⊘⊘⊘⊘⊘

14. (There are) **few people** (in **our house**). ⊘⊘⊘⊘⊘

15. (I have) **many books**. I (have a **lot of**) **books**. ⊘⊘⊘⊘⊘

16. She **doesn't have much time**. She has **little time**. ⊘⊘⊘⊘⊘

17. She (has a **few**) **friends**. ⊘⊘⊘⊘⊘

18. She (has **some**) **friends**. ⊘⊘⊘⊘⊘

19. We (need a) **little help**. ⊘⊘⊘⊘⊘

20. We (need some) **help**. ⊘⊘⊘⊘⊘

회화로 말문트기

일상 대화 속에서 말의 흐름을 따라가며 영어 발음 튜닝 팁을 생각하며 연습해 보세요.

Hi, Jay. How was your weekend?
안녕, 제이. 주말은 어땠어?

Hi, Jin. It was good. I had a lot of fun. What about you?
안녕, 진. 좋았어. 즐거운 시간 보냈거든. 너는?

I was busy. I had a lot of thing to do.
난 바빴어. 할 일이 많았거든.

Really? Like what?
진짜? 어떤 것이?

You know, cooking, cleaning and so on.
뭐, 알잖아. 요리하고, 청소하고 등등.

Sounds good. Did you get some break?
그렇구나. 좀 쉬긴 했어?

Just a little. I watched a few episodes of my favorite show.
조금. 내가 제일 좋아하는 예능 몇 회차를 봤어.

Oh, that's good. I spent a lot of time with my family.
좋았겠다. 난 가족이랑 많은 시간을 보냈어.

 Nice. Did you go anywhere special?
좋네. 어디 특별한 곳 갔어?

 Oh yes. We went to a park and there were a lot of people. But we found a few quiet spots.
응. 우리 공원 갔는데 사람이 엄청 많더라. 근데 조용한 곳 몇 군데를 찾긴 했어.

 That sounds lovely. I wanted to go to the park too, but I had little time.
다행이네. 나도 공원에 가고 싶었는데 시간이 부족했어.

 Maybe next time we should go together.
다음에 우리 같이 가도 되겠다.

 Yes, let's do that. I need a little fresh air and relaxation.
응, 그러자. 나 좀 시원한 공기와 휴식이 필요해.

 Absolutely. A few hours at the park can be great for both of us.
완전히. 공원에서 몇 시간 보내는 것은 우리에게 아주 좋은 일일 것 같아.

단어 배우기

Fresh air and relaxation 신선한 공기와 휴식

회화 마스터하기

원어민들의 롤플레이를 듣고, 빈칸에 들어갈 말을 완성해 보세요.

 Hi, Jay. How was your weekend?
안녕, 제이. 주말은 어땠어?

안녕, 진. 좋았어. 즐거운 시간 보냈거든. 너는?

 I was busy. I had a lot of thing to do.
난 바빴어. 할 일이 많았거든.

진짜? 어떤 것이?

 You know, cooking, cleaning and so on.
뭐, 알잖아, 요리하고, 청소하고 등등.

그렇구나. 좀 쉬긴 했어?

 Just a little. I watched a few episodes of my favorite show.
조금. 내가 제일 좋아하는 예능 몇 회차를 봤어.

좋았겠다. 난 가족이랑 많은 시간을 보냈어.

Nice. Did you go anywhere special?

좋네. 어디 특별한 곳 갔어?

응. 우리 공원 갔는데 사람이 엄청 많더라. 근데 조용한 곳 몇 군데를 찾긴 했어.

That sounds lovely. I wanted to go to the park too, but I had little time.

다행이네. 나도 공원에 가고 싶었는데 시간이 부족했어.

다음에 우리 같이 가도 되겠다.

Yes, let's do that. I need a little fresh air and relaxation.

응, 그러자. 나 좀 시원한 공기와 휴식이 필요해.

완전히. 공원에서 몇 시간 보내는 것은 우리에게 아주 좋은 일일 것 같아.

다음은 수량 형용사가 활용된 이야기입니다.
데니얼 선생님의 쉐도잉 영상을 참고하여 따라 읽어보세요.

Last weekend, Maria had a lot of things to do.
She cleaned her house, did the laundry, and
cooked some food. She didn't have much free
time, but she tried to take short breaks. During
these breaks, she drank a little coffee and
watched a few videos on her phone.
On Sunday, Maria went to the supermarket.
There were a lot of people, so it was crowded.
She bought a few vegetables, a little milk,
and some bread. She didn't buy many things
because she already had most of what she
needed at home.
After shopping, Maria went to a nearby park.
There were only a few people there, so it was
peaceful. She found a quiet spot, sat down, and
enjoyed a little fresh air. It was a busy weekend,
but Maria felt happy that she got a lot of things
done.

지난 주말에 마리아는 할 일이 많았습니다. 그녀는 집을 청소하고, 빨래를 하고, 음식을 좀 만들었습니다. 자유 시간이 많지는 않았지만, 짧은 휴식을 취하려고 노력했어요. 휴식 중에는 커피를 조금 마시고, 휴대폰으로 몇 개의 영상을 봤습니다.

일요일에 마리아는 슈퍼마켓에 갔습니다. 사람들이 많아서 붐볐습니다. 그녀는 야채 몇 가지, 우유 조금, 그리고 빵을 샀습니다. 이미 집에 필요한 물건들이 거의 있어서 많은 것을 사지는 않았습니다.

장을 본 후, 마리아는 근처 공원에 갔습니다. 그곳에는 사람들이 몇 명밖에 없어서 조용했습니다. 그녀는 조용한 자리를 찾아 앉아, 신선한 공기를 조금 즐겼습니다. 바쁜 주말이었지만, 마리아는 많은 일을 해내서 기분이 좋았습니다.

표현 말하기

Take short breaks
- 짧은 휴식을 취하다

Most of what she needed
- 필요한 것 대부분

Get a lot of thing s done
- 많은 일을 해내다

미래의 계획, 의지를 나타내는 will

🎯 학습 목표 확인하기

- will을 사용하여 미래 시제를 표현할 수 있습니다.
- will을 사용해 의지와 결심을 표현할 수 있습니다.
- will이 사용된 핵심 발음 팁을 익힙니다.

  • She will go to America to study English.

미리보기 ❶ 그녀는 영어를 공부하기 위해 미국에 갈 예정이다.
She will go to America to study English.

미리보기 ❷ 나는 영어를 공부하려고 미국에 가지 않을 것이다.
I will not go to America to study English.

미리보기 ❸ 새로운 직업을 얻기 위해 넌 무엇을 할 예정이니?
What will you do to get a new job?

'~할 것이다, ~하려고 한다'를 표현하기 위해

즉흥적인 결정,

확정되지 않은 상황

이런 경우

우리는

'will'을 사용합니다.

평서문 말하기

She will go to America to study English.	그녀는 영어를 공부하기 위해 미국에 갈 예정이다.
They will leave the house at 7 a.m.	그들은 아침 7시에 떠날 것입니다.
We will probably be at home.	우리는 아마 집에 있을 것입니다.

'will'은 주로 미래의 예측이나 주어의 의지를 나타내는 조동사로, '~할 것이다' 또는 '~하려고 한다'로 해석됩니다. 문장 구조는 'will + 동사원형'의 형태를 취하며, 조동사이기 때문에 주어의 인칭이나 수에 영향을 받지 않습니다.

🔍 더 알아보기

현재진행형 미래는 이미 확정된 계획, 구체적인 일정을 표현할 때 사용되고 'will'은 즉흥적인 결정을 표현, 아직 확정되지 않은 상황에 주로 사용됩니다.

- **I'm meeting my friend at 3 p.m. tomorrow.**
  (내일 오후 3시에 친구를 만날 예정이야.) → 이미 계획된 일정.
- **It will probably rain tomorrow.**
  (내일 비가 올 거야.) → 미래에 대한 예측.

She will go to America to study English.

'She will'은 '쉬 윌' 보다는 '쉴'이라고 발음하는 것이 더 좋습니다. 전체 문장은 '쉴 고루 어메리까 투 스떠디 잉-글리쉬'로 연결되며, 여기서, '어메리까'에서 '어'는 거의 소리가 들리지 않기 때문에 '메'에 강세를 주어 '쉴 고루 메리까 투 스떠디 잉-글리쉬'라고 발음하는 것이 자연스럽고 원어민스럽습니다.

They will leave the house at 7 a.m.

'They will'은 '데이 윌'하셔도 되지만, 딱딱하게 들립니다. 두 소리를 하나로 연결해서 '데일'처럼 발음하는 것이 더 부드럽습니다. 전체 문장을 한 호흡으로 자연스럽게 연결하면, '데일 리브더 하우스 (앳) 세븐 에이엠'처럼 발음됩니다. 여기서 '앳'은 소리가 약해져 들리지 않을 수 있습니다.

We will probably be at home.

'We will'은 '윌'보다는 '위일'처럼 부드럽게 발음하는 것이 더 자연스럽습니다. 새롭게 등장하는 스피킹 팁은 'probably'인데, 정확한 발음은 '프라버블리'지만, 일상 대화에서는 많은 원어민이 '프라블리'처럼 발음합니다. 따라서 전체 문장은 '위일 프라블리 비엣 홈'으로 자연스럽게 발음하면 원어민 느낌이 납니다.

I will not(=won't) go to America to study English.	나는 영어를 공부하려고 미국에 가지 않을 것이다.
They won't leave the house at 7 a.m.	그들은 아침 7시에 떠나지 않을 것입니다.
We won't probably be at home.	우리는 아마 집에 있지 않을 것입니다.

'will'의 부정문은 'will not' 또는 'won't'로 표현하며, 미래에 어떤 일이 일어나지 않을 것이거나 의지가 없음을 나타냅니다. 구조는 '주어 + will not (=won't) + 동사원형'이며, 'will not'은 'won't'로 줄여 사용할 수 있습니다.

 더 알아보기

will not'은 공손하게 거절할 때 자주 사용되며, 상대방에게 부담을 주지 않으면서 자신의 의사를 표현할 때 사용되기도 합니다.

- I'm sorry, but I won't be able to attend the meeting.
  (죄송하지만 회의에 참석할 수 없을 것 같습니다.)

I will not(=won't) go to America to study English.

'I will not'은 두 가지 방식으로 발음할 수 있습니다. 첫 번째는 'I will'을 축약하여 '아일'로 발음하여, '아일 낫 고루'처럼 자연스럽게 연결하는 방식입니다. 두 번째는 'will not'을 묶어서 축약한 'won't'으로 발음하는 방법입니다. 천천히 발음하면 '(우)옹ㅌ'처럼 들리며, 익숙해지면 '아이 워운ㅌ'로 끝음을 끊어서 발음할 수 있습니다. 전체 문장을 연결하면 '아이 워운ㅌ 고루 메리까 투 스떠디 잉-글리쉬'처럼 발음하는 것이 원어민스러운 발음입니다.

They won't leave the house at 7 a.m.

'They won't'는 자연스럽게 발음하면 '데이 워운ㅌ'처럼 발음됩니다. 뒤에 나오는 발음들은 이전에도 연습했기에 바로 전체 문장에 적용하면, '데이 워운ㅌ 리브더 하우스 (앳) 세븐 에이엠'으로 부드럽게 이어집니다.

We won't probably be at home.

'We won't'는 '위 워운ㅌ'로 발음하며, 끝 발음은 숨을 참는 듯한 느낌으로 끊어주어야 합니다. '위 워운ㅌ 프라블리 비 (앳) 홈'처럼 발음하면 부드럽고 자연스러운 원어민 발음이 됩니다.

의문문 말하기

What will **you do to get a new job?**	새로운 직업을 얻기 위해 넌 무엇을 할 예정이니?
When will **they leave the house?**	그들은 언제 떠날 예정인가요?
Where will **you be?**	어디에 있을 예정인가요?

will 의문문은 미래에 일어날 일이나 상대방의 의지에 대해 묻는 질문을 할 때 사용됩니다. 구조는 'Will + 주어 + 동사원형?'의 형태로, 미래의 행동, 계획, 의지 등을 물을 수 있습니다. 대답은 'Yes, + 주어 + will.' 또는 'No, + 주어 + won't.'의 형식으로 할 수 있습니다.

더 알아보기

will 의문문은 공손한 요청을 할 때 자주 사용되며, 상대방에게 부담을 주지 않으면서 부탁을 전달하는 효과적인 방법입니다.

• **Will you pass me the salt?** (소금 좀 건네줄래요?)

이 방식은 요청을 부드럽게 전달할 수 있어 일상 회화에서 많이 사용됩니다.

What will you do to get a new job?

'Will you'는 '윌 유'보다는 '윌류'로 발음하는 것이 자연스럽고, 이를 입에 익히도록 연습합니다. 의문사가 앞에 붙으면 'What will you'는 '왓 윌류'처럼 들립니다. 'do to get a new job'은 '두투 게러 뉴 잡'으로 발음되며, 전체 문장을 한 호흡으로 '왓 윌류 두투 게러 뉴 잡?'처럼 부드럽게 발음하면 원어민스러운 느낌을 낼 수 있습니다.

When will they leave the house?

'When will they'는 빠르게 발음하면 '웬 윌 데이'보다는 '웬윌데이'처럼 한 소리로 부드럽게 연결되면서 '데' 소리는 잘 들리지 않게 됩니다. 'leave the house'는 '리브 더 하우스' 대신 '리브더 하우스'로 '더'는 자연스럽게 발음이 거의 들리지 않게 다음 단어로 연결됩니다. 따라서 전체 문장은 '웬윌(데)이 리브(더) 하우스?'처럼 부드럽고 자연스럽게 발음하는 것이 원어민스러운 발음입니다.

Where will you be?

'Where will you'는 빠르게 발음하면 '웨어 윌 유'보다는 '웨얼윌류'처럼 자연스럽게 연결됩니다. 'be'는 명확하게 발음하지만, 전체 문장은 한 호흡으로 '웨얼윌류 비?'처럼 부드럽게 발음하는 것이 원어민스럽습니다.

원어민 발음되기

영어 발음 튜닝법을 생각하며 다음의 표시에 따라 연습해 보세요.
(   )는 묶어서 한 번에, 굵은 글씨는 문장 강세를 살려주는 부분입니다.

01. She will (**go** to) **America** to **study English.**
○○○○○

02. They'll **leave** the **house** at **7 a.m.**   ○○○○○

03. We will **probably** (be at **home**).   ○○○○○

04. I will **not** (**go** to) **America** to **study English.**
○○○○○

05. They **won't leave** the **house** at **7 a.m.**
○○○○○

06. We **won't probably** (be at **home**).   ○○○○○

07. **What** will you **do** to (**get** a **new job**)?
○○○○○

08. **When** will they (**leave** the **house**)?   ○○○○○

09. **Where** will you **be**?   ○○○○○

10. Will you (**pass** me the **salt**)?   ○○○○○

11. I'll **travel** to **Europe next year**. ○○○○○

12. He'll (**give** an) **important presentation tomorrow**. ○○○○○

13. We'll (**start** a) **new project soon**. ○○○○○

14. They **won't move next week**. ○○○○○

15. I **won't solve** that **problem**. ○○○○○

16. She **won't** (**attend** that) **party tonight**. ○○○○○

17. Will you (**attend** the) **meeting**? ○○○○○

18. Will he **write** the **report**? ○○○○○

19. Will we **be able** to **complete** the **project** on **time**? ○○○○○

20. (**Will** you **use**) the **new software**? ○○○○○

일상 대화 속에서 말의 흐름을 따라가며 영어 발음 튜닝 팁을 생각하며 연습
해 보세요.

Hi, Jay. Do you have any plans for tomorrow?
안녕, 제이. 내일 스케줄 있어?

Hi, Jin. Yes, I do. I will visit my grandmother.
안녕, 진. 응, 있어. 우리 할머니 보러 갈 거야.

**Oh, that sounds nice. I'll go hiking with some
friends.**
좋겠다. 나는 친구들이랑 등산하러 갈 거야.

Wow, that's great. So where will you go?
와, 대박. 어디로 갈거야?

**We will go to the mountains near the city. What
will you do at your grandmother's place?**
우린 시내 근처에 있는 산으로 갈 거야. 넌 할머님 집 가서 뭐 할 거야?

I will have a family dinner.
가족끼리 저녁 식사를 할 거야.

**That sounds lovely. Will you stay there
overnight?**
좋네. 거기서 자고 올 거야?

Yes, I'll stay there until the evening. Will you come in the same day?

응, 오후 늦게까지 있을 것 같아. 너는 당일에 돌아올 거야?

 No, we'll camp overnight and come back the next day.

아니, 우리는 캠핑으로 1박 하고 다음 날 돌아올 거야.

 That sounds exciting. I hope you have a great time.

재밌겠다. 좋은 시간 보내길 바라.

 Thanks, Jay. I hope you have a wonderful time with your grandmother

고마워 제이. 너도 할머님이랑 좋은 시간 보내길 바랄게.

 Thank you, Jin. Let's catch up later and share our stories.

고마워, 진. 나중에 만나서 이야기 하자.

 Sure, I will look forward to it. See you later.

당연하지. 기대된다. 나중에 봐.

 See you then.

그때 봐.

단어 배우기

Overnight 1박, 밤새	Let's catch up later 나중에 만나서 이야기 나누자
Share 공유하다, 나누다	Look forward to 기대하다

회화 마스터하기

원어민들의 롤플레이를 듣고, 빈칸에 들어갈 말을 완성해 보세요.

 Hi, Jay. Do you have any plans for tomorrow?
안녕, 제이. 내일 스케줄 있어?

안녕, 진. 응, 있어. 우리 할머니 보러 갈 거야.

 Oh, that sounds nice. I'll go hiking with some friends.
좋겠다. 나는 친구들이랑 등산하러 갈 거야.

와, 대박. 어디로 갈거야?

 We will go to the mountains near the city. What will you do at your grandmother's place?
우린 시내 근처에 있는 산으로 갈 거야. 넌 할머님 집 가서 뭐 할 거야?

가족끼리 저녁 식사를 할 거야.

 That sounds lovely. Will you stay there overnight?
좋네. 거기서 자고 올 거야?

응, 오후 늦게까지 있을 것 같아. 너는 당일에 돌아올 거야?

No, we'll camp overnight and come back the next day.

아니, 우리는 캠핑으로 1박 하고 다음 날 돌아올 거야.

재밌겠다. 좋은 시간 보내길 바라.

Thanks, Jay. I hope you have a wonderful time with your grandmother

고마워 제이. 너도 할머님이랑 좋은 시간 보내길 바랄게.

고마워, 진. 나중에 만나서 이야기 하자.

Sure, I will look forward to it. See you later.

당연하지. 기대된다. 나중에 봐.

그때 봐.

다음은 일반동사 과거형 패턴이 활용된 이야기입니다.
데니얼 선생님의 쉐도잉 영상을 참고하여 따라 읽어보세요.

Sarah will have a busy weekend. On Saturday, she will clean her house in the morning. She will vacuum the floors, wash the dishes, and tidy up the living room. After that, she will meet her friend Emma at the mall. They will do some shopping and will have lunch together. Sarah will buy a new dress because she has a party to attend next week. In the afternoon, Sarah won't go to the gym because she will be too tired from cleaning and shopping. Instead, she will relax at home and watch a movie. Will she watch a comedy or a drama? She isn't sure yet, but she will decide later. On Sunday, Sarah will visit her parents. She will help her mom cook lunch, and they will have a family meal together. After lunch, she will walk in the park with her dad. They will talk about her job and upcoming plans. Sarah's weekend will be both productive and fun!

사라는 이번 주말에 바쁘게 지낼 거예요. 토요일 아침에는 집 청소를 할 예정이에요. 바닥 청소하고, 설거지도 하고, 거실도 정리할 거예요. 그다음에 친구 엠마를 만나서 쇼핑몰에 갈 거예요. 둘이 같이 쇼핑도 하고 점심도 먹을 거예요. 사라는 다음 주에 파티가 있어서 새 드레스를 살 계획이에요. 오후에는 피곤해서 헬스장에 가지 않을 예정이에요. 대신 집에서 쉬면서 영화나 볼 거예요. 코미디를 볼지 드라마를 볼지 아직 못 정했지만, 나중에 결정할 거예요. 일요일에는 부모님 댁에 갈 거예요. 엄마와 같이 점심 준비도 도와드리고 가족끼리 식사할 예정이에요. 점심 먹고 나서는 아빠와 함께 공원에서 산책할 거예요. 직장 일이나 앞으로의 계획에 대해서도 이야기할 거예요. 사라의 주말은 많은 것을 하면서도 즐거울 거예요!

표현 말하기

Haven't decided yet
- 아직 결정하지 못했지만

Work-related things
- 회사 일이나

Tidy up
- 정리하다

특정 과거 회상을 할 때 사용하는 when

🎯 학습 목표 확인하기

- '~할 때, 일 때, ~때'의 접속사 when의 사용법을 마스터합니다.
- '언제'를 나타내는 의문사 when과의 사용법을 구분할 수 있다.
- 접속사 when이 들어간 문장의 핵심 발음 팁을 마스터합니다.

  • I studied hard when I was a student.

미리보기 ❶ 내가 학생이었을 때 공부를 아주 열심히 했습니다.

I studied hard when I was a student.

미리보기 ❷ 내가 학생이었을 때 공부를 열심히 하지 않았습니다.

I didn't study hard when I was a
student.

미리보기 ❸ 미국에 있었을 때 공부를 열심히 했었나요?

Did you study hard when you were in
America?

'~할 때, 일 때, ~때'와 같은

특정 과거일을 회상할 때

사용하는 접속사 'when'

'언제'를 표현하는 의문사 'when'과

혼동하지 않도록 주의해야 합니다.

I studied hard when I was a student.	내가 학생이었을 때 공부를 아주 열심히 했습니다.
He traveled a lot when he was younger.	그는 어렸을 때 여행을 많이 했었다.
They played soccer every weekend when they were in school.	그들은 학교 다닐 때 매주 주말마다 축구를 했었다.

'when'은 두 사건이 일어난 시간을 연결하는 접속사입니다. 주로 과거에 어떤 일이 일어났을 때를 말할 때 사용되며, 'When + 주어 + 과거동사'의 형태로 쓰입니다. 예를 들어, 'When I was a student'는 "내가 학생이었을 때"를 의미하며, 특정 시점에 일어난 사건을 이야기할 때 사용됩니다.

 더 알아보기

접속사 when vs. 의문사 when

접속사 when은 두 사건의 시간을 연결할 때 사용되고, 의문사 when은 시간을 질문할 때 사용됩니다.

- I studied hard when I was a student.
  (내가 학생이었을 때 열심히 공부했다.)
- When will you arrive?
  (너는 언제 도착할 거니?)

I studied hard when I was a student.

'I studied hard when I was a student'에서 'studied'는 '스터디드' 대신 '스떠디드'로 발음합니다. 그 뒤에 'hard'는 '하드'가 아닌 '하-ㄹ드'로 'r' 소리를 살려 발음합니다. '아이 스떠디드 '하-ㄹ드'로 연결됩니다. 문장을 발음할 때 'stupid, hard, student'에 조금 더 힘을 주어 말하면 조금 더 원어민스러운 느낌을 주게 됩니다.

He traveled a lot when he was younger.

'travel'은 흔히 '트래블'로 발음되지만, 'tr-'이 붙어 있으면 '트'가 아니라 '츄'로 발음하는 것이 더 원어민스럽습니다. 'traveled'는 '츄레블'에 과거형 '-ed'를 붙여 '츄레블드'로 발음됩니다. 이때, 뒤에 나오는 'a lot'을 앞에 'traveled'와 연음하면 '츄레블더 랏'으로 발음됩니다. 따라서 문장은 '히 츄레블더 랏'으로 자연스럽게 연결되어 발음됩니다.

They played soccer every weekend when they were in school.

'played'는 명확하게 '플레이-ㄷ'로 발음하며, 끝에 'd' 소리가 터져 나오듯이 명확하게 발음됩니다. 그리고 'every weekend'도 빠르지만 정확하게 '에브뤼 위껜드'라고 발음하지만, 문장속에서 '드'소리는 명확하게 드리지 않고 약하게 처리됩니다. 따라서, 대화안에서 보면 '데이 플레이-ㄷ 에브뤼 위껜'처럼 발음하는 것이 원어민스러운 발음입니다.

부정문 말하기

I didn't study **hard when I was a student.**	내가 학생이었을 때 공부를 열심히 하지 않았습니다.
He didn't travel **a lot when he was younger.**	그는 어렸을 때 여행을 많이 하지 않았다.
They didn't play **soccer every weekend when they were in school.**	그들은 학교 다닐 때 매주 주말마다 축구를 하지 않았다.

부정문에서 'when'은 과거의 특정 시점이나 사건과 연결되어, 그 시점에 어떤 일이 일어나지 않았다는 것을 명확히 합니다. 과거형 부정문은 '주어 + did + not + 동사원형' 또는 '주어 + didn't + 동사원형' 구조로 만들어집니다.

🔍 더 알아보기

접속사 'when'은 주로 과거에 많이 사용되지만, 현재나 미래 상황을 설명할 때도 사용할 수 있습니다.

- **I don't eat sweets when I'm on a diet.**
  (내가 다이어트 중일 때는 과자를 먹지 않는다.)
- **I won't go out when it's raining.**
  (비가 올 때는 나가지 않을 것이다.)

I didn't study hard when I was a student.

'didn't study'는 '디든 스떠디'로 발음이 자연스럽게 나옵니다. 이번에 연습해 볼 부분은 'when I was a student'인데, 'I was a'는 한 소리처럼 '웬 아이워저'로 연결됩니다. 'when I was a student' 문장은 '웬 아이워저 스뚜던트'로 연결이 되고 전체 문장은 '디든 스떠디 하-ㄹ드 웬아이워저 스뚜던트'로 부드럽게 이어지게 됩니다.

He didn't travel a lot when he was younger.

'didn't travel'은 '디든 츄레블'로 자연스럽게 발음됩니다. 'a lot'은 '얼랏'으로 빠르게 이어지고, 'younger'는 '영거'로 발음이 되지만, '영'을 발음할 때는 공기를 살짝 막아 터져 나오는 소리를 조절해 발음하는 것이 원어민스러운 느낌을 줍니다.

They didn't play soccer every weekend when they were in school.

'play'는 '플레이'로 발음합니다. 'every weekend'는 '에ㅂ리 위껜'으로 '드' 소리가 약하게 처리되며, 'when they were'는 '웬데이월'로 자연스럽게 이어집니다. 전체 문장은 '데이 디든 플레이 에ㅂ뤼 위껜'처럼 발음하는 것이 자연스럽습니다.

의문문 말하기

Did **you** study hard when you **were** in America?	너 미국에 있었을 때 공부를 열심히 했었나요?
Did **he** travel a lot when he **was** younger?	그는 어렸을 때 여행을 많이 했었나요?
Did **they** play soccer every weekend when they **were** in school?	그들은 학교 다닐 때 매주 주말마다 축구를 했었나요?

'~할 때 ~했었니?'라는 의문문은 두 사건이 동시에 일어난 시점을 묻는 질문입니다. 이 구조에서는 첫 번째 사건이 일어난 시점에 두 번째 사건도 함께 발생했는지 물어보는 방식입니다. 'Did you ~ when you were ~?'의 형태로 쓰이며, 과거의 특정 시점에 발생한 행동에 대한 질문입니다.

 더 알아보기

When you were ~, did you ~? vs. Did you ~ when you were ~?

첫 번째 패턴은 시간에 더 초점을 맞춰, 언제 그 일이 일어났는지를 강조하는 반면, 두 번째 패턴은 행동에 더 집중하여, 무엇을 했는지에 중점을 둡니다.

Did you study hard when you were in America?

'Did you'는 '디쥬'처럼 빠르게 발음됩니다. 'study hard'는 '스떠디 하-ㄹ드'로 'r' 소리를 살려 발음하며, 'when you were'는 '웬유월'처럼 연결됩니다. 'in America'는 빠르게 연결이 되면 '인 어메리까'는 '이너메리까'처럼 들립니다. 전체 문장은 '디쥬 스떠디 하-ㄹ드 웬유월 이너 메리까?'로 발음됩니다.

Did he travel a lot when he was younger?

'Did he'는 '디디'처럼 빠르게 발음됩니다. 'travel'은 '츄레블'로 발음되고, 'a lot'은 '어랏'으로 자연스럽게 이어집니다. 'When he was'는 '웬히워즈'로, 'younger'는 '영거'로 부드럽게 발음하되, '영'은 공기를 살짝 막듯이 발음합니다. 전체 문장은 '디디 츄레블 어랏 웬히워즈?'로 자연스럽게 연결이되어 집니다.

Did they play soccer every weekend when they were in school?

'Did they'는 빠르게 발음하면 '디데이'처럼 들립니다. 'play soccer'는 명확하게 '플레이 사컬'로 발음하고, 'in school'은 '인 스꾸우ㄹ'로 발음이 되지만 문장 안에서 빠르게 이어질 때는 '인 스꿀'로 부드럽게 이어집니다. 전체 문장은 '디데이 플레이 사컬 에ㅂ뤼 위껜 웬데이월 인 스꿀'처럼 자연스럽게 연결됩니다.

원어민 발음되기

영어 발음 튜닝법을 생각하며 다음의 표시에 따라 연습해 보세요.
( )는 묶어서 한 번에, 굵은 글씨는 문장 강세를 살려주는 부분입니다.

01. I (**studied hard**) when (I was **a student**).
○ ○ ○ ○ ○

02. He (**traveled a lot**) when (he was **younger**).
○ ○ ○ ○ ○

03. They **played soccer every weekend** when (they were in) **school**.
○ ○ ○ ○ ○

04. I **didn't** (**study hard**) when (I was a **student**).
○ ○ ○ ○ ○

05. He **didn't** travel a lot when (he was **younger**).
○ ○ ○ ○ ○

06. They **didn't play soccer every weekend** when (they were in **school**).
○ ○ ○ ○ ○

07. Did you **study hard** when (you were in **America**)?
○ ○ ○ ○ ○

08. Did he (**travel a lot**) when (he was **younger**)?
○ ○ ○ ○ ○

09. (Did they play) **soccer every weekend** when (they were in **school**)?
○ ○ ○ ○ ○

10. I **don't eat sweets** (when I'm on a **diet**). ○○○○○

11. (When I was in the **United States**), I had **various experiences**. ○○○○○

12. They **don't drink water** when (they **work out**). ○○○○○

13. I'm **happy** when (I **watch TV**). ○○○○○

14. They **don't eat food** when (they **play games**). ○○○○○

15. When (we were in **Hong Kong**), we (**stayed** at) that **hotel**. ○○○○○

16. When (I **went** out), it was **raining**. ○○○○○

17. **You don't drive** when (you're **tired**).○○○○○

18. I **listen** to **music** when (I **study**). ○○○○○

19. She **sings** when (she **cooks**). ○○○○○

20. We **go jogging** when (we're on **vacation**). ○○○○○

회화로 말문트기

일상 대화 속에서 말의 흐름을 따라가며 영어 발음 튜닝 팁을 생각하며 연습해 보세요.

Hey, Do Yeon, how is it going?
도연아, 잘 지내?

Oh, hey Dong Joon long time no see. I'm good and you?
오, 동준아 오랜만이야. 난 잘 지내지, 너는?

I'm good too, thanks. What did you do yesterday?
나도야, 고마워. 어제 뭐 했어?

I went to a concert yesterday and it was awesome.
나 어제 콘서트 갔어. 끝내줬어.

Really? Sounds fun. How was it?
정말? 재밌었겠다. 어땠어?

When the singer was performing, I was so happy. I love listening to music.
가수가 노래 부르고 있을 때 나 정말 행복했어. 노래 듣는 걸 매우 좋아하거든.

216 귀와 입이 열리는 영어 말하기

I went to a concert last year too. I screamed when I was listening to the music.
나도 작년에 콘서트 갔었어. 음악 듣고 있었을 때 소리 질렀어.

 Same here. Did you get the singer's autograph when it ended?
나도 마찬가지야. 끝나고 가수 사인받았어?

 No, I took a picture instead.
아니, 대신 사진 찍었어.

 I see. Let's go to a concert together next time.
그렇구나. 다음엔 같이 콘서트 가자.

 Definitely. See you next time.
진짜로. 다음에 보자.

 Bye, see you later.
안녕, 다음에 봐.

단어 배우기

Awesome 끝내주는, 멋진
Scream 소리지르다

Autograph 사인
Same here 나도 마찬가지야

회화 마스터하기

원어민들의 롤플레이를 듣고, 빈칸에 들어갈 말을 완성해 보세요.

 Hey, Do Yeon, how is it going?
도연아, 잘 지내?

오, 동준아 오랜만이야. 난 잘 지내지, 너는?

 I'm good too, thanks. What did you do yesterday?
나도야, 고마워. 어제 뭐 했어?

나 어제 콘서트 갔어. 끝내줬어.

 Really? Sounds fun. How was it?
정말? 재밌었겠다. 어땠어?

가수가 노래 부르고 있을 때 나 정말 행복했어. 노래 듣는 걸 매우 좋아하거든.

I went to a concert last year too. I screamed when I was listening to the music.

나도 작년에 콘서트 갔었어. 음악 듣고 있었을 때 소리 질렀어.

나도 마찬가지야. 끝나고 가수 사인받았어?

 No, I took a picture instead.

아니, 대신 사진 찍었어.

그렇구나. 다음엔 같이 콘서트 가자.

 Definitely. See you next time.

진짜로. 다음에 보자.

안녕, 다음에 봐.

다음은 접속사 when 활용된 이야기입니다.
데니얼 선생님의 쉐도잉 영상을 참고하여 따라 읽어보세요.

Yesterday, I stayed at home because it was raining. When the rain started in the morning, I was drinking coffee and reading a book. It was peaceful and quiet. When I finished the book, I decided to make lunch.

In the afternoon, my friend called me. When I picked up the phone, she asked if I wanted to go out, but I said no. I didn't want to leave the house because of the rain. So, I watched a movie instead.

When the rain stopped in the evening, I felt much better. I opened the window, and the air was fresh. I will remember this rainy day for a long time because it was calm and relaxing.

해석하기

어제는 비가 와서 집에 있었어. 아침에 비가 내리기 시작했을 때, 나는 커피를 마시면서 책을 읽고 있었어. 아주 평화롭고 조용했지. 책을 다 읽었을 때, 점심을 만들어야겠다고 생각했어.

오후에 친구가 전화를 했어. 내가 전화를 받았을 때, 친구가 나가고 싶냐고 물었지만, 나는 아니라고 했어. 비가 와서 집을 나가고 싶지 않았거든. 그래서 대신 영화를 봤어.

저녁에 비가 그쳤을 때, 기분이 훨씬 나아졌어. 창문을 열었더니 공기가 신선하더라고. 이 비 오는 날을 오랫동안 기억할 것 같아. 너무 평온하고 편안했거든.

표현 말하기

Pick up the phone
- 전화를 받다

Calm
- 평온한

She asked if I wanted to go out
- 나가고 싶은지 물었다

의무를 나타내는 have to

🎯 학습 목표 확인하기

- have to를 사용하여 의무를 표현할 수 있습니다.
- must vs. have to vs. should의 차이를 익힙니다.
- have to가 사용된 문장의 핵심 발음 팁을 익힙니다.
  - You have to be quiet in the library.

배울 내용 미리 확인하기

미리보기 ❶   너는 도서관에서 조용해야만 한다.
You have to be quiet in the library.

미리보기 ❷   나는 더 이상 영어 공부를 하지 않아도 된다.
I don't have to study English.

미리보기 ❸   그는 일을 열심히 해야 하니?
Does he have to work hard?

'~해야 한다'라는

의무나 필수적인 일을 표현하는

조동사

have to

평서문 말하기

You have to be quiet in the library.	너는 도서관에서 조용해야만 한다.
She has to stop here.	그녀는 여기서 멈춰야 한다.
People have to park in the parking lot.	사람들은 주차장에 주차해야 한다.

'have to'는 필수나 의무를 나타내는 표현으로, 어떤 행동을 반드시 해야 하는 상황을 설명할 때 사용합니다. 1인칭, 2인칭, 복수 주어에는 'have to'를, 3인칭 단수 주어에는 'has to'를 사용합니다. 'have to / has to' 뒤에는 항상 동사원형이 옵니다.

🔍 더 알아보기

Must vs. Have to vs. Should

'Must'는 개인적 판단에 따른 강한 의무를, 'Have to'는 외부 요인이나 규칙에 따른 필수 사항을, 'Should'는 권장이나 충고로 선택의 여지가 있는 상황에서 사용됩니다.

- **You must wear a helmet when riding a bike.**
  (자전거를 탈 때 반드시 헬멧을 써야 한다.)

- **I have to go to work by 9 a.m.**
  (나는 아침 9시까지 출근해야 해.)

- **You should eat more vegetables.**
  (야채를 더 많이 먹는 게 좋겠어.)

You have to be quiet in the library.

'have to'의 기본 발음은 '해브 투'가 되지만 빠르게 발음 될 때는 '(ㅎ)앱 터'로 들리게 됩니다. 'quite'는 '콰이-엇ㅌ'처럼 발음이 됩니다. '유 햅 투 비 콰이-엇'으로 부드럽고 자연스럽게 이어지며, 특히 'have to be'는 빠르게 넘어가는 경향이 있습니다.

She has to stop here.

'has to'는 원어민이 발음할 때 연음되어 '해스터'처럼 들립니다. 또한 원어민은 'stop'처럼 'st-'가 같이 오게 되면 'p' 소리를 된소리로 발음합니다. '스땁'으로 발음하는 것이 자연스럽습니다. 전체 문장은 '쉬 해스뚜 스땁 히어'처럼 이어지게 되며, 'has to' 역시 빠르게 연결됩니다.

People have to park in the parking lot.

'park'는 강하게 '팔ㅋ' 로 발음이 되는데 '팔'과 '펄' 사이에서 소리가 나기 때문에 '펄-ㅋ'처럼 들리기도 합니다. '팔ㅋ'로 발음하면서 'in'과 연음으로 처리되어 '팔낀'으로 자연스럽게 연결됩니다. '피플 햅 투 팔낀 더 팔낑 랏'처럼 부드럽게 이어지는 원어민 발음이 됩니다.

부정문 말하기

I don't have to **study English**.	나는 더 이상 영어 공부를 하지 않아도 된다.
She doesn't have to **stop here**.	그녀는 여기서 멈출 필요가 없다.
People don't have to **park in the parking lot**.	사람들은 주차장에 주차해야 할 필요가 없다.

'have to'의 부정문은 'do not have to' 또는 'does not have to'로 '~할 필요가 없다'는 의미를 표현합니다. 주어의 인칭에 따라 do 또는 does를 사용하여 의미를 표현할 수 있습니다.

🔍 더 알아보기

Must not vs. Don't have to

'must not'은 강한 금지를 의미하여, '절대로 해서는 안돼는 상황'을 표현합니다. 반면에, 'don't have to'는 '~할 필요가 없다'는 뜻으로, 어떤 행동을 할 필요가 없지만 선택은 가능한 상황을 표현합니다.

- You **must not** smoke in this building.
  (이 건물에서 절대로 담배를 피워서는 안 됩니다.)
- You **don't have to** go to the meeting if you're busy.
  (바쁘면 그 회의에 갈 필요는 없습니다.)

I don't have to study English.

'I don't'의 기본 발음은 '아이 돈트'지만 원어민이 실제 발음을 할 때는 '아돈'으로 자연스럽게 하나의 단어처럼 처리합니다. '아돈 햅 투 스떠디 잉-글리쉬'로 전체 문장이 한 호흡으로 자연스럽게 이어집니다.

She doesn't have to stop here.

앞에서 여러 번 언급했듯이 'doesn't'는 원어민이 발음할 때 't'소리는 거의 들리지 않습니다. 사전에서 나오는 '더즌트'가 아니라 '더즌'으로 마지막 't'소리는 거의 발음하지 않는 거처럼 들립니다. '쉬 더즌 햅 투 스땊 히얼'라고 한 호흡 한 블럭으로 묶어서 발음할 수 있습니다.

People don't have to park in the parking lot.

'People don't have to park in the parking lot'에서 'don't'는 강조하고 싶은 의미에 따라 강하게 발음될 수도 있지만, 일반적으로는 약하게 발음되어 '돈'으로 들립니다. 전체 문장은 한 호흡으로 부드럽게 연결되어 '피플 돈 햅 투 팔낀 더 팔낑 랏'처럼 자연스럽게 발음됩니다.

의문문 말하기

Does **he have to work hard**?	그는 일을 열심히 해야 하니?
Does **she** have to **stop here**?	그녀는 여기서 멈춰야 합니까?
Do **people have to park in the parking lot**?	사람들은 주차장에 주차해야만 합니까?

'have to'가 사용된 의문문은 특정 행동이 필수적인지를 묻는 표현입니다. 'Do/Does + 주어 + have to + 동사원형'의 형태로, 주어 인칭에 따라 Do나 Does를 사용합니다. 이러한 패턴은 상대방에게 어떤 의무나 해야 할 일이 있는지를 질문할 때 쓰입니다.

더 알아보기

'have to'를 활용한 의문문에서 대답은 'Yes, 주어 + do/does' 또는 'No, 주어 + don't/doesn't.' 형태로 간단하게 할 수 있습니다.

- **Does she have to finish the project today?**
  (그녀는 오늘 그 프로젝트를 끝내야만 합니까?)
  Yes, she does. (응, 그래.)
  No, she doesn't. (아니, 안 그래.)

Does he have to work hard?

'Does he'는 연음으로 처리되어 '더즈히'가 **'더즈이'**처럼 빠르게 발음되며, 'h' 소리는 거의 들리지 않습니다. 'work'는 턱을 많이 벌리지 않고 **'워얼크'**로 발음되지만, 빠르게 말할 때는 **'월크'**처럼 들릴 수 있습니다. 전체 문장은 **'더 즈이 햅 투 월크 하ㅡ르드?'**로 끝음을 살짝 올려 마무리하면, 자연스럽게 원어 민처럼 발음됩니다.

Does she have to stop here?

'Does she'는 개별적으로 **'더즈 쉬'**로 발음되지만, 빠르게 말할 때는 **'즈'** 소리가 거의 들리지 않아 **'더쉬'**로 자연스럽게 연결됩니다. 전체 문장은 **'더쉬 햅 투 스땁 히얼?'**로 자연스럽게 발음되어, 원어민처럼 들리게 됩니다.

Do people have to park in the parking lot?

'Do people have to'는 **'두 피플 햅 투'**로 발음되며, 'have to'는 부드럽게 이어져 **'햅 투'**로 빠르게 연결됩니다. 'park in'은 자연스럽게 묶여 **'팔낀'**처럼 들리고, 'the parking lot'은 **'더 팔낑 랏'**으로 발음됩니다. 전체적으로 문장은 **'두 피플 햅투 팔낀 더 팔낑 랏?'**으로 매끄럽게 이어지며, 끝에서 살짝 올리 는 억양으로 원어민 발음처럼 들릴 수 있습니다.

영어 발음 튜닝법을 생각하며 다음의 표시에 따라 연습해 보세요.
( )는 묶어서 한 번에, 굵은 글씨는 문장 강세를 살려주는 부분입니다.

01. You (**have to be quiet**) in the **library**. ○○○○○

02. She (**has to stop**) **here**. ○○○○○

03. People (**have to park**) in the **parking lot**. ○○○○○

04. I **don't** (**have to study**) **English**. ○○○○○

05. She **doesn't** (**have to stop**) here. ○○○○○

06. People **don't** (**have to park**) in the **parking lot**. ○○○○○

07. **Does** he (**have to work**) **hard**? ○○○○○

08. **Does** she (**have to stop**) here? ○○○○○

09. **Do** people (**have to park**) in the **parking lot**? ○○○○○

10. You **must not smoke** in this **building**. ○○○○○

11. He (**has to wake up**) **early tomorrow.**
○ ○ ○ ○ ○

12. **Does** she (**have to finish**) the **project today?**
○ ○ ○ ○ ○

13. I (**have to** go to) **work early.**
○ ○ ○ ○ ○

14. She **doesn't** (**have to clean**) the **room.**
○ ○ ○ ○ ○

15. You (**have to reply**) to this **message.**
○ ○ ○ ○ ○

16. **Do** I (**have to walk**) to the **office?**
○ ○ ○ ○ ○

17. **People** (**have to drink**) **water every** day.
○ ○ ○ ○ ○

18. We (**have to complete**) this **project** by next **week.**
○ ○ ○ ○ ○

19. He (**has to prepare**) the **presentation.**
○ ○ ○ ○ ○

20. You **don't** (**have to** go to) the **meeting** if you're **busy.**
○ ○ ○ ○ ○

일상 대화 속에서 말의 흐름을 따라가며 영어 발음 튜닝 팁을 생각하며 연습해 보세요.

Hi, jin you look tired. Are you okay?
안녕, 진. 너 피곤해 보인다, 괜찮아?

Hi, Mark. I'm just very busy. I have to finish a lot of work today.
안녕, 마크. 난 그냥 많이 바쁠 뿐이야. 오늘 끝내야 할 일이 많거든.

What do you have to do?
무엇을 해야 하는 거야?

I have to complete these reports and send them to the manager.
이 리포트들을 마치고 팀장님께 보내 드려야 해.

That sounds tough. Do you have to stay late?
힘들겠다. 야근해야 해?

Oh, yes. I think I have to stay until 9pm.
응. 내 생각엔 9시 정도까진 있어야 할 것 같아.

Oh, no, that's really late.
오, 그건 정말 늦은 건데.

And you know what? I have to be here by 7am for a meeting.
그리고 또 뭔지 알아? 나 아침 7시까지 미팅 때문에 와야 해.

 You have to take care of yourself.
너 컨디션 관리해야겠다.

 I will. Thanks Mark. I have to go now and finish my work.
그래야지, 고마워 마크. 나 이제 일 끝내러 가야 해.

 Okay, I wish you good luck. If you need help let me know.
그래, 행운을 빌게. 도움 필요하면 알려줘.

 Thanks, I will. See you later.
고마워, 그럴게. 나중에 보자.

 See you later, Jin. Take care.
나중에 봐, 진. 조심해.

단어 배우기

Take care of 돌보다, 관리하다　　　　　That sounds tough 힘들겠다

회화 마스터하기

원어민들의 롤플레이를 듣고, 빈칸에 들어갈 말을 완성해 보세요.

 Hi, jin you look tired. Are you okay?
안녕, 진. 너 피곤해 보인다, 괜찮아?

안녕, 마크. 난 그냥 많이 바쁠 뿐이야. 오늘 끝내야 할 일이 많거든.

 What do you have to do?
무엇을 해야 하는 거야?

이 리포트들을 마치고 팀장님께 보내 드려야 해.

 That sounds tough. Do you have to stay late?
힘들겠다. 야근해야 해?

응. 내 생각엔 9시 정도까진 있어야 할 것 같아.

 Oh, no, that's really late.
오, 그건 정말 늦은 건데.

그리고 또 뭔지 알아? 나 아침 7시까지 미팅 때문에 와야 해.

You have to take care of yourself.
너 컨디션 관리해야겠다.

그래야지, 고마워 마크. 나 이제 일 끝내러 가야 해.

Okay, I wish you good luck. If you need help let me know.
그래, 행운을 빌게. 도움 필요하면 알려줘.

고마워, 그럴게. 나중에 보자.

See you later, Jin. Take care.
나중에 봐, 진. 조심해.

다음은 have to 패턴이 활용된 이야기입니다.
데니얼 선생님의 쉐도잉 영상을 참고하여 따라 읽어보세요.

Today, Lisa has a lot to do at work. She has to finish a big report by 5 p.m., and she has to send emails to several clients. She knows it will be a busy day, so she starts early to make sure everything gets done.

Her colleague, John, comes by and asks, "Do you have to attend the meeting this afternoon?" Lisa replies, "No, I don't have to go to that meeting. I can focus on my report instead." She feels relieved because she can use the extra time to finish her work.

At the end of the day, Lisa feels tired but satisfied. She completed her report and sent all the emails. "I have to take care of myself and rest tonight," she thinks. Lisa knows that tomorrow, she doesn't have to work late, so she can relax and enjoy her evening.

오늘 리사는 직장에서 해야 할 일이 많아요. 리사는 5시까지 큰 보고서를 끝내야 하고, 여러 고객에게 이메일을 보내야 해요. 오늘이 바쁜 날이 될 것을 알고 있기 때문에, 일을 모두 끝낼 수 있도록 일찍 시작해요.

리사의 동료인 존이 다가와서 묻습니다. "오늘 오후 회의에 참석해야 해?" 리사가 대답해요. "아니, 나는 그 회의에 참석할 필요가 없어. 대신 보고서에 집중할 수 있겠어." 리사는 회의에 가지 않아도 돼서 안도감을 느껴요. 추가 시간을 활용해 일을 끝낼 수 있을 것 같아요.

하루가 끝날 무렵, 리사는 피곤하지만 만족스러워요. 보고서를 완료하고 모든 이메일을 보냈거든요. "오늘 밤에는 나 자신을 돌보고 휴식을 취해야 해," 라고 생각해요. 리사는 내일은 야근할 필요가 없기 때문에, 오늘 저녁에는 편히 쉬고 즐길 수 있을 거예요.

표현 말하기

Colleague
- 동료

Relieved
- 안도한

현재까지 이어지는 일을 표현하는 현재완료

🎯 학습 목표 확인하기

- 현재완료의 형태를 정확하게 이해하고 사용할 수 있습니다.
- 현재완료 용법의 특징을 이해할 수 있습니다.
- 현재완료 패턴이 사용된 문장의 핵심 발음 팁을 마스터합 니다.

- I've ever had sushi before.

미리보기 ❶ 나는 전에 스시 먹어본 적 있어.
I've ever had sushi before.

미리보기 ❷ 그녀는 2년째 영어 공부를 안하고 있어.
She hasn't studied English for 2 years.

미리보기 ❸ 오늘 은행에 다녀왔어요?
Have you been to the bank today?

과거의 일이나 상황이 현재 시점까지

영향을 미치는 상황을

표현할 때 사용하는

시제 표현

현재완료!

평서문 말하기

I've ever had **sushi before.**	나는 전에 스시 먹어본 적 있어.
She's already finished **her work.**	그녀는 이미 그녀의 일을 끝냈어.
I've lived **in Korea since 1990.**	나는 1990년대부터 한국에서 살고 있다.

과거에 시작된 행동이나 상태가 현재까지 영향을 미치거나 완료된 상황을 설명할 때, 현재완료 'have/has + p.p(과거분사)'형태를 사용합니다. 현재완료는 특정 과거 시점이 아닌, 현재와 관련된 과거임을 보여줍니다.

 더 알아보기

현재완료 vs. 과거시제

현재완료는 과거에 시작된 일이 현재까지 영향을 미치거나 지속될 때 사용하며, 단순 과거는 하나의 일이 과거에 완전히 끝났을 때 사용합니다.

- I have worked **here for 10 years.**
  (나는 여기서 10년 동안 일해왔다.)
  → 현재에도 계속 일하고 있음을 표현

- I worked **here 10 years ago.**
  (나는 10년전에 여기서 일했다.)
  → 지금은 일하지 않음을 표현

I've ever had sushi before.

'I've'는 'I have'의 줄임말로, 원어민이 빠르게 발음할 때, '아브'처럼 자연스럽게 연결됩니다. 또한, 'sushi'는 '스시'가 아니라 원어민은 '수쉬'로 발음합니다. 'before'는 천천히 발음하면 '비포올'로 들리지만, 빠르게 발음하면 '브뽀어'처럼 들리기도 합니다. 이때, 완전히 '어'로 하는 것이 아니라 'r'소리가 약하게 하기 때문에 '어'처럼 들리는 것입니다. 전체 문장은 '아브 에벌 해드 수쉬 브뽀어'로 자연스럽게 연결됩니다.

She's already finished her work.

'she's'는 'She has'의 줄임말로, '쉬스'로 빠르게 발음됩니다. 그 뒤에 이어지는 'already'는 빠르게 넘어가면서 '얼-뤠디'보다 '어뤠디' 또는 '어뤠리'처럼 들리는 경향이 있습니다. 하나 더 추가하여 발음 팁을 드리면, 'finished'는 '피니쉬드' 대신 '피니쉬ㅌ'로 발음하며, 마지막 'ㅌ'는 공기를 터트리듯 발음하지만, 뒤에 나오는 'her'와 연음이 되면, '피니쉬털'로 들리기도 합니다. 전체를 발음해보면 '쉬스 어뤠리 피니쉬털 월크'가 됩니다.

I've lived in Korea since 1990.

'lived in'은 '리브드 인' 대신 '리브딘'처럼 부드럽게 연결되고, 'Korea'는 '코리아' 보다 '커뤼아'처럼 들립니다. 전체 문장은 '아브 리브딘 커뤼아 신스 나이틴 나이리'으로 자연스럽게 연결됩니다.

부정문 말하기

She hasn't studied English for 2 years.	그녀는 2년째 영어 공부를 안하고 있어.
I've not completed the report yet.	나는 아직 보고서를 완료하지 못했다.
They've not lived in Korea since 1990.	그들은 1990년 이후로 한국에서 살지 않았다.

현재완료 부정문은 'have/has + not + 과거분사(p.p)' 형태로, 과거에 시작된 행동이나 상태가 현재까지 이루어지지 않았거나 완료되지 않았음을 나타냅니다.

 더 알아보기

현재완료에 자주 사용되는 부사

- Ever- 지금까지 한 번이라도
- Never- 한 번도 ~한 적 없다
- Already- 이미, 벌써
- Just- 막, 방금
- Yet- 아직(부정문), 이미, 아직(의문문)
- Since- ~이래로
- For- ~동안

She hasn't studied English for 2 years.

'hasn't studied'는 '해즌트 스떠디드'로 소리가 나지만 빠르게 연결될 때는 '해즌 스떠리드'로 연결됩니다. 또한, 'for 2 years'를 한 호흡으로 연결하면, '포올 투 이얼즈'처럼 들립니다. 전체를 한 호흡으로 보면, '쉬 해즌 스떠디드 잉-글리쉬 포올 투 이얼즈'로 연결할 수 있습니다.

I've not completed the report yet.

이번 원어민스러운 발음 팁은 'completed'와 'report'입니다. 'completed'는 '컴플리티드'에 익숙하지만, 문장안에서 빠르게 발음될 때는 '컴플리딧'처럼 들리게 됩니다. 'report'는 '레포트'가 아닌 '뤼포올트'처럼 들리지만, 빠르게 발음하면서 뒤에 나오는 'yet'과 연음이 되면 '리포올옛'처럼 들립니다. 전체를 발음해보면 '아브 낟 컴플리딧 더 뤼포올옛'처럼 부드럽게 이어서 발음됩니다.

They've not lived in Korea since 1990.

'They've'는 'They have'의 줄임말로, 원어민이 빠르게 발음 할 때, '데이브'처럼 들립니다. '데이브 낟 리브딘 커뤼아 신스 나이틴 나이리'처럼 전체 문장이 부드럽게 이어져서 발음이 됩니다.

의문문 말하기

Have you been to the bank today?	오늘 은행에 다녀왔어요?
Has he studied Japanese for 2 years?	그는 일본어를 2년동안 공부했나요?
Have they submitted the report yet?	그들이 보고서를 이미 제출했나요?

현재완료 의문문은 'Have/Has + 주어 + p.p(과거분사)~?'의 형태로 만들어지며, 주로 '~해 본 적 있나요?', '~을 이미 했나요?', '~한 결과가 있나요?'와 같은 의미로 해석됩니다. 문장의 의미를 풍부하게 만들기 위해 'ever, already, yet' 등의 부사를 사용하여 경험, 완료, 결과를 더 구체적으로 표현할 수 있습니다.

 더 알아보기

How long have/has + 주어 + p.p(과거분사)~?

과거에 시작된 행동이나 상태가 얼마나 오랫동안 지속되었는지를 묻는 질문이 됩니다.

- **How long have you played tennis?**

  (테니스를 얼마나 오래 쳤나요?)

Have you been to the bank today?

'Have you'는 빠르게 발음하면 '해뷰'처럼 들립니다. 'been to the'는 '빈투더'로 자연스럽게 연결되고, 'bank today'는 '뱅크 투데이' 보다는 '뱅크터데이'처럼 발음됩니다. 한 호흡으로 전체를 발음하면, '해뷰 빈투더 뱅크터데이?'로 부드럽게 연결됩니다.

Has he studied Japanese for 2 years?

'Has he'는 '해지'처럼 빠르게 연결됩니다. 'studied Japanese'는 '스떠디드 재빼니즈'로 자연스럽게 이어지고, 'for 2 years'는 '포올투 이어즈'로 발음합니다. '해지 스떠디드 재빼니즈 포올 투 이어즈?'로 전체 문장이 자연스럽게 연결되어 원어민스러운 발음이 됩니다.

Have they submitted the report yet?

'Have they'는 '햅데이'로 빠르게 발음되고, 'submitted the'는 '썸밋더'처럼 연결됩니다. 'report yet'는 '뤼포올옛'으로 자연스럽게 이어서 발음됩니다. 한 호흡으로 연결해서 발음해보면, '햅데이 썸밋더 뤼포올옛?'처럼 자연스럽게 이어지면서 발음됩니다.

원어민 발음되기

영어 발음 튜닝법을 생각하며 다음의 표시에 따라 연습해 보세요.
(   )는 묶어서 한 번에, 굵은 글씨는 문장 강세를 살려주는 부분입니다.

01. (I've) **ever had sushi before.** ○○○○○

02. (She's) **already** (**finished** her) **work** ○○○○○

03. (I've) (**lived in**) **Korea since 1990.** ○○○○○

04. She (**hasn't studied English**) for **2 years.**
      ○○○○○

05. (I've) **not** (**completed** the **report**) **yet.**
      ○○○○○

06. (They've) **not** (**lived in**) **Korea** since **1990.**
      ○○○○○

07. (**Have you**) (**been** to the **bank**) **today?**
      ○○○○○

08. (**Has he**) studied **Japanese** for **2 years?**
      ○○○○○

09. (**Have they**) (**submitted** the **report**) **yet?**
      ○○○○○

10. **How long** (**have you**) **played tennis?**○○○○○

11. (I've) **never been** to **Busan before.** ○○○○○

12. **How long (has he been) married**? ○○○○○

13. She's (**worked here**) for **5 years**. She's **very diligent**. ○○○○○

14. We've **never been** to **Japan before** because we (have a **fear** of) **flight**. ○○○○○

15. **How long (have you met)**? ○○○○○

16. (We've) **met** for **10 years**. ○○○○○

17. (He's) the **greatest person** (I've **ever met**). ○○○○○

18. This is the **fastest car** (I've **ever seen**). ○○○○○

19. (I've) (**worked** at) this **company** for **15 years**. ○○○○○

20. (She's) the **most intelligent person** (I've **ever met**). ○○○○○

회화로 말문트기

일상 대화 속에서 말의 흐름을 따라가며 영어 발음 튜닝 팁을 생각하며 연습
해 보세요.

Hi, Mark. Have you ever traveled abroad?
안녕, 마크. 해외 여행 가 본 적 있어?

Hi, Jin. Yes, I've been abroad a few times.
안녕, 진. 응, 몇 번 가봤어.

Really? Where?
진짜? 어디?

Japan, France, and Canada. How about you?
일본, 프랑스, 캐나다. 너는?

Just once to Thailand.
태국 한 번 갔다 왔어.

Nice! How was it?
좋네! 어땠어?

Amazing. I've never seen such beautiful places.
완전 좋았어. 그렇게 아름다운 곳은 처음이었어.

Did you try the local food?
현지 음식 먹어봤어?

Yes, it was delicious!
응, 엄청 맛있었어!

 I want to visit Thailand. How long did you stay?
나도 태국 가고 싶다. 며칠 있었어?

 Two weeks. Took lots of photos.
2주. 사진도 많이 찍었어.

 Cool. I just finished planning a trip to Italy!
좋네. 나도 방금 이탈리아 여행 준비 끝냈어!

 Sounds exciting! Flights booked?
좋겠다! 비행기표는 예약했어?

 Yes, flights and hotels are all set. Can't wait!
응, 다 예약했어. 완전 기대돼!

 You'll love it. Italy is beautiful.
좋아할 거야. 이탈리아 정말 예쁘대.

단어 배우기

Travel abroad 해외 여행을 가다
Local food 현지 음식

Amazing 놀라운, 멋진
Book 예약하다

회화 마스터하기

원어민들의 롤플레이를 듣고, 빈칸에 들어갈 말을 완성해 보세요.

안녕, 마크. 해외 여행 가 본 적 있어?

Hi, Jin. Yes, I've been abroad a few times.
안녕, 진. 응, 몇 번 가봤어.

진짜? 어디?

Japan, France, and Canada. How about you?
일본, 프랑스, 캐나다. 너는?

태국 한 번 갔다 왔어.

Nice! How was it?
좋네! 어땠어?

완전 좋았어. 그렇게 아름다운 곳은 처음이었어.

Did you try the local food?
현지 음식 먹어봤어?

응, 엄청 맛있었어!

I want to visit Thailand. How long did you stay?
나도 태국 가고 싶다. 며칠 있었어?

2주. 사진도 많이 찍었어.

Cool. I just finished planning a trip to Italy!
좋네. 나도 방금 이탈리아 여행 준비 끝냈어!

좋겠다! 비행기표는 예약했어?

Yes, flights and hotels are all set. Can't wait!
응, 다 예약했어. 완전 기대돼!

좋아할 거야. 이탈리아 정말 예쁘대.

다음은 have to 패턴이 활용된 이야기입니다.
데니얼 선생님의 쉐도잉 영상을 참고하여 따라 읽어보세요.

John has just started a new job. He has worked at his company for two weeks now. Every day, he learns something new. He has met many new people and has made a few friends. So far, John has enjoyed his job, but he hasn't finished learning everything yet. Last week, John's boss asked him to lead a project. He has never led a project before, so he felt a bit nervous. However, he has already started working on it and feels more confident now. John hasn't made any big mistakes yet, but he knows there's still a lot to do. He has prepared for this challenge and is excited to see how it goes.

존은 막 새로운 직장을 시작했습니다. 그는 이 회사에서 이제 2주 동안 일해 왔습니다. 매일 그는 새로운 것을 배웁니다. 그는 많은 새로운 사람들을 만났 고 몇 명의 친구도 사귀었습니다. 지금까지 존은 직장을 즐기고 있지만, 아직 모든 것을 다 배우지는 못했습니다.

지난주에 존의 상사는 그에게 프로젝트를 맡겼습니다. 그는 한 번도 프로젝 트를 맡아본 적이 없어서 조금 긴장했습니다. 하지만 그는 이미 일을 시작했 고, 이제 더 자신감을 느낍니다. 존은 아직 큰 실수를 하지 않았지만, 할 일이 많이 남아있다는 것을 알고 있습니다. 그는 이 도전을 준비했고, 어떻게 될지 기대하고 있습니다.

표현 말하기

Have never led
- 한 번도 맡아본 적이 없다

Confident
- 자신감 있는

Challenge
- 도전

필수 아이템 to부정사

🎯 학습 목표 확인하기

- to부정사 용법 3가지를 이해할 수 있습니다.
- to부정사를 활용한 문장을 만들 수 있습니다.
- to부정사가 사용된 문장의 핵심 발음 팁을 익힙니다.

  • I want to have a car.

미리보기 ❶   나 차 한 대 갖기를 원해.

I want to have a car.

미리보기 ❷   아파트 사지 않는 것이 내 목표 중 하나다.

Not to buy an apartment is one of my
goals.

미리보기 ❸   다니엘이 나에게 풀 문제를 주나요?

Does Daniel give me a question to
solve?

다양한 동사의 의미를

표현할 수 있는 방법

'to부정사'

이번에

반드시

마스터해봐요!

평서문 말하기

I want to have a car.	나 차 한 대 갖기를 원해.
They go to America to make a contract.	그들은 계약을 하러 미국에 갑니다.
There are many places to visit in Korea.	한국에는 가볼 곳이 아주 많습니다.

to부정사는 'to + 동사원형' 형태로, 주로 '목적, 계획, 의도'를 나타낼 때 사용됩니다. to부정사는 세가지 용법으로 사용됩니다. 첫째, 명사적 역할로 주어 또는 목적어로 쓰입니다. 둘째, 형용사적 역할로 명사를 수식하여 설명합니다. 셋째, 부사적 역할로 동사나 형용사를 수식하며 이유나 목적을 나타냅니다.

 더 알아보기

to부정사는 목적을 나타내는 부사적 용법으로 사용됩니다. 이때, 'in order to'로 바꿔 사용할 수 있습니다.

• I studied hard to pass the exam.
  (나는 시험에 합격하기 위해 열심히 공부했다.)
  = I studied hard in order to pass the exam.

I want to have a car.

'I want to'는 원어민들이 빠르게 발음할 때 '아이 원 투'가 아니라 '아이 워너' 처럼 들립니다. 'have a'는 '해브 어' 대신 '해버'로 부드럽게 이어지고, 'car는 명확하게 '카알'로 발음합니다. 전체 문장은 '아이 워너 해버 카알'처럼 자연 스럽게 발음하는 것이 원어민스럽습니다.

They go to America to make a contract.

'They go to'는 빠르게 발음하면 '데이 고우 투' 대신 '데이 고루'처럼 부드 럽게 연결됩니다. 'America'는 '어메리까' 보다 '메리까'처럼 들리게 됩니다. 'make a'는 '메이크 어' 대신 '메이커'로 발음하는 것이 더 자연스럽습니다. 전체 문장은 '데이 고루 메리까 투 메이커 컨츄랙트'로 발음하는 것이 원어 민스럽습니다.

There are many places to visit in Korea.

'There are'는 빠르게 발음하면 '데어 아' 대신 '데라'처럼 연결됩니다. 'many places'는 명확하게 '메니 플레이시즈'로 발음으로 자연스럽게 이어집니다. 'in Korea'는 빠르게 발음하면 '인 커뤼아'처럼 들립니다. 전체 문장은 '데라 메니 플레이시즈 투 비짓 인 커뤼어'처럼 발음하는 것이 원어민스럽습니다.

부정문 말하기

Not to buy **an apartment is one of my goals.**	아파트 사지 않는 것이 내 목표 중 하나다.
They go to America not to make **a contract.**	그들은 계약을 하러 미국에 가지 않습니다.
She has a plan not to travel **next month.**	그녀는 다음 달에 여행하지 않을 계획이 있다.

to부정사의 부정문은 'not'을 'to' 앞에 붙여 'not to + 동사원형' 형태로 만듭니다. 이 부정문은 명사적, 형용사적, 부사적 용법에서 모두 사용되며, 어떤 행동을 하지 않는 것을 표현합니다. 명사적 용법에서는 주어나 목적어로, 부사적 용법에서는 목적을, 형용사적 용법에서는 명사를 수식하며 그 행동을 부정할 수 있습니다.

🔍 **더 알아보기**

'~할 것인지'를 말할 때 우리는 to부정사를 이용하여 만들 수 있습니다.

- **I have** nothing to tell **you.** (나 너에게 할 말 없어.)
- **I have** something to tell **you.** (나 너에게 말 할 것이 있어.)

Not to buy an apartment is one of my goals.

'Not to'는 빠르게 발음하면 '낟 투'처럼 들립니다. 'buy an'은 '바이 언' 대신 '바이안'으로 부드럽게 연결되고, 'apartment'는 '아파트먼트' 대신 '아파알트먼트'로 발음하는 것이 자연스럽습니다. 'is one of my'는 '이즈 원업 마이' 처럼 빠르게 연결이 되어 발음이 되고 전체 문장은 '낟투 바이안 어파알트먼트 이즈 원업 마이 골즈'로 발음하는 것이 자연스럽습니다.

They go to America not to make a contract.

'They go to'는 빠르게 발음하면 '데이 고루'처럼 자연스럽게 연결됩니다. 'make a contract'는 '메이크 어 컨트랙트'가 아니라 '메이커 컨츄랙트'처럼 빠르게 연결됩니다. 전체 문장은 '데이 고루 머리까 낫투 메이커 컨츄랙트'처럼 자연스럽게 발음됩니다.

She has a plan not to travel next month.

'She has a'는 빠르게 발음하면 '쉬해저'처럼 자연스럽게 연결됩니다. 'plan not to'는 '플랜 낟 투'로 부드럽게 이어집니다. 'travel next month'는 '트래블 넥스트 먼쓰'보다는 빠르게 '츄래블 넥스 먼쓰'처럼 발음됩니다. 전체 문장은 '쉬해저 플랜 낟투 츄래블 넥스 먼쓰'처럼 자연스럽게 발음하면 원어민스럽게 들립니다.

의문문 말하기

Does Daniel give me a question to solve?	다니엘이 나에게 풀 문제를 주나요?
Do they go to America to **make a contract?**	그들은 계약하러 미국에 가나요?
Are there many places to **visit in Korea?**	한국에 가볼 만한 곳이 많이 있나요?

to부정사가 사용된 문장의 의문문은 Do/Does 또는 be동사를 사용하여 만듭니다. 일반동사가 있을 때는 'Do/Does + 주어 + 동사원형 + to부정사' 형태로 의문문을 만들고, be동사가 있을 때는 'be동사 + 주어 + ~ + to부정사' 순으로 형성됩니다. to부정사는 의문문에서도 형태가 변하지 않고, 동작의 목적이나 설명을 그대로 유지합니다.

🔍 더 알아보기

'to부정사의 부정문은 의문문에서도 'not'을 'to' 앞에 위치시켜 사용됩니다. 이 구조는 'not to + 동사원형' 형태로, 어떤 행동을 하지 않는 것에 대한 의문을 표현합니다.

- **Why did she decide not to attend the meeting?**
  (그녀는 왜 그 회의에 참석하지 않기로 했나요?)

260 귀와 입이 열리는 영어 말하기

Does Daniel give me a question to solve?

'Does Daniel'은 '더즈 데니얼'로 연결이되고 'give me a'는 '기브 미 어' 대신 '깁미어'로 부드럽게 연결시켜 발음하게 됩니다. 'question'은 '쿠웨스천'으로 발음이 되지만 문장안에서 빠르게 발음이 될 때 '웨'발음 명확하게 들리지 않아 '퀘스천'으로 들리기도 합니다. 'to solve'는 '투 솔브'라고 발음되지만 대부분 문장안에서 'to' 소리는 약하게 들립니다.

Do they go to America to make a contract?

'Do they'는 '두 데이'로 발음이 되는 건 맞지만 문장안에서 빠르게 발음될 때는 '더 데이'로 'do' 소리가 약하게 발음이 됩니다. 전체 문장에 적용해 보면 '더 데이 고루 메리까 투 메이커 컨츄랙트?'로 자연스럽게 발음됩니다.

Are there many places to visit in Korea?

'Are there'는 '아 데어'로 부드럽게 발음됩니다. 'many places'는 분명하게 '매니 플레이시즈'로 발음하고, 'to visit in Korea'는 '투 비짓 인 커뤼아'로 연결됩니다. 전체 문장은 '아 데어 매니 플레이시즈 투 비짓 인 커뤼아?'로 부드럽게 연결이 되면서 끝음을 살짝 올려서 마무리해 주시면 됩니다.

원어민 발음되기

영어 발음 튜닝법을 생각하며 다음의 표시에 따라 연습해 보세요.
( )는 묶어서 한 번에, 굵은 글씨는 문장 강세를 살려주는 부분입니다.

01. I (**want** to) (**have** a) **car.** ⦾⦾⦾⦾⦾

02. They (**go** to) **America** to (**make** a) **contract.** ⦾⦾⦾⦾⦾

03. (There are) **many places** to (**visit in**) **Korea.** ⦾⦾⦾⦾⦾

04. **Not** to (**buy** an **apartment**) is **one** of my **goals.** ⦾⦾⦾⦾⦾

05. They (**go** to) **America not** to (**make** a) **contract.** ⦾⦾⦾⦾⦾

06. She (**has** a) **plan not** to **travel next month.** ⦾⦾⦾⦾⦾

07. Does Daniel (**give** me a) **question** to **solve?** ⦾⦾⦾⦾⦾

08. Do they (**go** to) **America** to (**make** a) **contract?** ⦾⦾⦾⦾⦾

09. Are there **many places** to (**visit in**) **Korea?** ⦾⦾⦾⦾⦾

10. **Why** did she **decide not** to (**attend** the **meeting**)? ⦾⦾⦾⦾⦾

11. She **wants** to (**ask** you) about **school**.
○○○○○

12. **To work** with **Tom** (**makes** me) **happy**.
○○○○○

13. It's **good** to see you. ○○○○○

14. Is there **anyone** to (**ask** about) my **luggage**?
○○○○○

15. (Do you) **have something** to **drink**? ○○○○○

16. I **have nothing** to **do**. ○○○○○

17. I **work** to **make money**. ○○○○○

18. She'll (**go to**) **New York** to (**see** her **friend**).
○○○○○

19. I (**apply** for this **job**) to **do** (what I **want**).
○○○○○

20. I **studied hard** to (**pass** the **exam**). ○○○○○

회화로 말문트기

일상 대화 속에서 말의 흐름을 따라가며 영어 발음 튜닝 팁을 생각하며 연습해 보세요.

 Hi, Jin. Do you have a minute to discuss the new project?
안녕하세요, 진. 새 프로젝트에 대해 잠시 이야기할 수 있을까요?

 Hi, Mark. Sure. What do we have to do first?
네, 마크. 뭐부터 시작할까요?

 We need to make a plan to present to the client.
고객에게 제시할 계획을 세워야 해요.

 Got it. Who's leading the project?
알겠어요. 누가 프로젝트를 주도하나요?

 I'd like to lead it but need your support.
제가 이끌고 싶은데 진의 도움이 필요해요.

 Of course. What tasks should I handle?
그럼요. 제가 맡을 일은요?

 Please gather data and prepare the initial report.
데이터 수집하고 초기 보고서 준비해 주세요.

Will do. When do we start?
그렇게 할게요. 언제 시작할까요?

 Next Monday. Is that okay?
다음 주 월요일 괜찮으세요?

 Yes, Monday works. Should we meet beforehand?
네, 괜찮아요. 그 전에 회의 잡을까요?

 Yes, let's outline team responsibilities on Friday.
네, 금요일에 팀 책임을 정리해요.

 Got it. I'll set up the meeting. Anything else?
알겠어요. 회의 잡아둘게요. 또 준비할 게 있나요?

 We also need a budget for finance.
재무 부서에 제출할 예산도 필요해요.

 I'll handle it and send it by Thursday.
목요일까지 예산안 보내드릴게요.

 Thanks, Jin. I appreciate your help.
고마워요, 진. 도와주셔서 감사해요.

단어 배우기

Lead 이끌다, 주도하다   Task 일, 작업
Gather 모으다, 수집하다   Appreciate 감사하다

회화 마스터하기

원어민들의 롤플레이를 듣고, 빈칸에 들어갈 말을 완성해 보세요.

안녕하세요, 진. 새 프로젝트에 대해 잠시 이야기할 수 있을까요?

 Hi, Mark. Sure. What do we have to do first?
네, 마크. 뭐부터 시작할까요?

고객에게 제시할 계획을 세워야 해요.

 Got it. Who's leading the project?
알겠어요. 누가 프로젝트를 주도하나요?

제가 이끌고 싶은데 진의 도움이 필요해요.

 Of course. What tasks should I handle?
그럼요. 제가 맡을 일은요?

데이터 수집하고 초기 보고서 준비해 주세요.

Will do. When do we start?

그렇게 할게요. 언제 시작할까요?

다음 주 월요일 괜찮으세요?

Yes, Monday works. Should we meet beforehand?

네, 괜찮아요. 그 전에 회의 잡을까요?

네, 금요일에 팀 책임을 정리해요.

Got it. I'll set up the meeting. Anything else?

알겠어요. 회의 잡아둘게요. 또 준비할 게 있나요?

재무 부서에 제출할 예산도 필요해요.

I'll handle it and send it by Thursday.

목요일까지 예산안 보내드릴게요.

고마워요, 진. 도와주셔서 감사해요.

다음은 to부정사 패턴이 활용된 이야기입니다.
데니얼 선생님의 쉐도잉 영상을 참고하여 따라 읽어보세요.

This weekend, Sarah is planning to visit her family. She wants to spend time with them because she hasn't seen them in a long time. Her mother asked her to bring some fruits, so she went to the store to buy them. But Sarah couldn't find anything to bring at first. She asked the shopkeeper, "Do you have anything to recommend?" Finally, she found the perfect fruits. At work, Sarah needed to finish her tasks early. She asked her boss, "Do I need to stay late today?" Her boss told her, "No, you don't need to stay late. You can leave early." Sarah was happy not to work overtime because she had many things to do before visiting her family. On Friday evening, Sarah was ready to drive home. She checked her bag to make sure she had everything. She found nothing to worry about. Now, she is ready to relax and enjoy her weekend with her family. Sarah feels prepared and excited for the weekend.

해석하기

이번 주말에 사라는 가족을 방문할 계획입니다. 그녀는 가족과 시간을 보내고 싶습니다, 왜냐하면 오랜만에 만나기 때문입니다. 그녀의 어머니가 과일을 가져오라고 부탁하셔서 사라는 사기 위해 가게에 갔습니다. 하지만 처음에는 가져갈 과일을 찾을 수 없었습니다. 그래서 사라는 가게 주인에게 "추천할 만한 것이 있나요?"라고 물었습니다. 마침내 그녀는 딱 맞는 과일을 찾았습니다. 직장에서 사라는 일을 일찍 끝내야 했습니다. 그녀는 상사에게 "오늘 늦게까지 있어야 하나요?"라고 물었습니다. 상사는 "아니, 늦게까지 있을 필요 없어. 일찍 가도 돼."라고 말했습니다. 사라는 야근하지 않아도 돼서 기뻤습니다, 왜냐하면 가족을 방문하기 전에 해야 할 일이 많았기 때문입니다. 금요일 저녁, 사라는 집에 운전할 준비가 되었습니다. 그녀는 필요한 것이 모두 있는지 확인하기 위해 가방을 확인했습니다. 그녀는 걱정할 것이 없다는 걸 알았습니다. 이제 사라는 편안히 쉬고 주말을 가족과 즐길 준비가 되었습니다. 사라는 주말을 기대하며 모든 준비가 다 됐다고 느낍니다.

표현 말하기

Recommend
- 추천하다

Work overtime
- 야근하다

더 나은 것과 최고를 표현, 비교급과 최상급

🎯 학습 목표 확인하기

- 비교급과 최상급의 형태와 규칙을 이해한다.
- 비교급과 최상급을 사용하여 비교와 최상을 표현하는 문장을 만들 수 있다.
- 비교급과 최상급이 사용된 문장의 핵심 발음 팁을 마스터합니다.

- Jane is taller than Tom.
- Rachel is the tallest in the/her class.

미리보기 ① 제인은 톰 보다 키가 큽니다.
Jane is taller than Tom.

미리보기 ② 이 차는 내 차보다 빠르지 않다.
This car is not faster than mine.

미리보기 ③ 네 반에서 가장 똑똑한 사람은 누구인가?
Who is the most intelligent person in
your class?

더 나은 것과 최고의 것을

찾아

표현할 수 있는 기술

비교급과 최상급!

평서문 말하기

Jane is taller than **Tom.**	제인은 톰 보다 키가 큽니다.
Lucy is more beautiful than **Rose.**	루시는 로즈 보다 더 아름답습니다.
Rachel is the tallest in the/ her class.	레이첼은 반에서 키가 가장 크다.

비교급은 두 대상을 비교할 때 사용하며, 형용사 뒤에 '-er'을 붙여 만들지만, 형용사가 길면 'more'를 붙여 표현합니다. 최상급은 여러 대상 중 하나가 가장 뛰어날 때 사용하며, 형용사 앞에 'the'와 '-est' 또는 'most'를 붙여 표현합니다.

 더 알아보기

불규칙 비교급

good	better
bad	worse
many/much	more
less	less

- **This movie is** better than **the one we watched last week.**
  (이 영화는 우리가 지난주에 본 영화보다 더 좋다.)
- **The weather is** worse **today** than **it was yesterday.**
  (오늘 날씨가 어제보다 더 나쁘다.)
- **I have** more **work to do** than **I expected.**
  (나는 예상했던 것보다 할 일이 더 많다.)
- **She drank** less **water** than **she usually does.**
  (그녀는 평소보다 물을 덜 마셨다.)

Jane is taller than Tom.

'Jane is'는 빠르게 발음하면 '제이니즈'처럼 들립니다. 'taller than'은 '털럴 덴'처럼 연음됩니다. 전체 문장은 '제이니즈 탈럴 덴 탐'처럼 자연스럽게 이어집니다.

Lucy is more beautiful than Rose.

'more beautiful'은 '모어 뷰리풀'로 부드럽게 발음되고, 'than Rose'는 '덴 뤄우즈'로 이어집니다. 이때, 'rose'는 'r'소리를 발음할 때 입 모양이 '우'소리를 내듯 입모양이 동그랗게 되어 시작되기 때문에 처음에는 '(우)로우즈'로 연습하셔도 됩니다. 전체 문장은 '루시이즈 모어 뷰리풀 덴 뤄우즈'로 발음합니다.

Rachel is the tallest in the/her class.

'Rachel is'가 문장 안에서 빠르게 이어질 때는 '레이첼스'처럼 들립니다. 'the tallest'는 '더 털리스트'로 발음합니다. 'in the class'는 '인더 클래-스'로 연결되지만, 'the' 소리는 거의 들리지 않을 정도로 빠르게 지나갑니다. 'her'가 사용될 경우 빠르게 '이널 클래-스'처럼 들립니다. 전체 문장은 '레이첼스 더 털리스트 인더/이널 클래-스'로 부드럽게 이어집니다.

부정문 말하기

This car is not faster than mine.	이 차는 내 차보다 빠르지 않다.
Lucy is not more beautiful than Rose.	루시는 로즈보다 더 아름답지 않다.
Rachel is not the tallest in the/her class.	레이첼은 반에서 가장 키가 크지 않다.

비교급과 최상급의 부정문은 동사 뒤에 'not'을 붙여 만듭니다. 'be동사 + not, don't/doesn't 동사원형'으로 만듭니다.

 더 알아보기

more와 the most를 사용한 일반동사

• She isn't more intelligent than her colleague.
  (그녀는 동료보다 더 똑똑하지 않다.)
• They aren't the most hardworking students in their class.
  (그들은 반에서 가장 열심히 공부하는 학생들이 아니다.)

This car is not faster than mine.

'This car is'는 '디스 카얼 이즈'로 부드럽게 이어지고, 'not faster than'는 '낟 패스떨 덴'처럼 발음합니다. 'mine'은 명확하게 '마인'으로 발음되며, 전체 문장은 '디스 카얼 이즈 낟 패스떨 덴 마인'으로 자연스럽게 이어집니다.

Lucy is not more beautiful than Rose.

'not more beautiful'은 '낟 모얼 뷰리풀'로 발음하는 것이 자연스럽습니다. 'beautiful'에서 'ti'소리는 '티'가 아닌 '리'로 부드럽게 둥글려서 소리내는 것이 자연스럽습니다. 전체 문장을 살펴보면 '루시이즈 낟 모얼 뷰리풀 덴 뤄우즈'로 전체를 부드럽게 한 호흡으로 연결할 수 있습니다.

Rachel is not the tallest in the/her class.

'is not the'를 한 호흡으로 발음하는 것이 문장의 의미를 전달하는 데 있어서 필요합니다. '레이첼 이스 낟 더'로 부드럽게 연결이 되지만 'not'을 조금 강하게 말하면서 부정의 의미를 분명하게 전달할 수 있습니다. 전체 문장으로 적용해보면 '레이첼 이즈 낟 더 털리스트 인더/이널 클래-스'처럼 발음할 수 있습니다.

의문문 말하기

Who is the most intelligent person in your class?	네 반에서 가장 똑똑한 사람은 누구인가?
Is Lucy more beautiful than Rose?	루시는 로즈보다 더 아름답나요?
Is Rachel the tallest in her class?	레이첼은 반에서 가장 키가 큰가요?

be동사가 주어 앞으로 이동하여 의문문을 구성합니다. 일반동사일 때는 do/ does를 문장 맨 앞에 두고 의문문을 만듭니다.

 더 알아보기

'~해본 것 중 가장 좋다'라는 의미를 표현할 때 최상급과 현재완료를 이용하여 표현합니다.

- **This is** the best movie I've ever watched.
  (이건 내가 본 영화 중에서 제일 좋아.)
- **That was** the most delicious meal I've ever had.
  (그건 내가 먹어본 것 중에서 가장 맛있는 음식이었어.)

Who is the most intelligent person in your class?

'Who is'는 '후이즈'로 빠르게 발음되고, 'the most'는 '더 모스트'로 강세가 주어집니다. 'intelligent person'은 '인텔리전트 펄슨'에서 '인텔리전트'에 강세를 두고, 'in your class'는 '인 유어 클래-스'로 자연스럽게 연결됩니다.

Is Lucy more beautiful than Rose?

이 문장에서 'Lucy'와 'beautiful'에 강세가 주어집니다. 'Is Lucy'는 빠르게 '이즈 루시'로 발음되고, 'more beautiful'에서 '뷰리풀'에 강세가 있어 '모얼 뷰리풀'로 발음됩니다. 'than Rose'는 '덴 뤄우즈'로 이어지며, 'rose'에도 약한 강세가 있습니다.

Is Rachel the tallest in her class?

'Rachel'과 'tallest'에 강세가 주어집니다. 'Is Rachel'은 '이즈 레이철'로 빠르게 발음되고, 'the tallest'는 '털리스트'에 강세를 두어 '더 털리스트'로 발음합니다. 'in her class'는 '이널 클라스'로 자연스럽게 이어지며, 'class'에 약한 강세가 있습니다.

원어민 발음되기

영어 발음 튜닝법을 생각하며 다음의 표시에 따라 연습해 보세요.
( )는 묶어서 한 번에, 굵은 글씨는 문장 강세를 살려주는 부분입니다.

01. Jane is **taller** than **Tom.** ○○○○○

02. Lucy is **more beautiful** than **Rose.** ○○○○○

03. This book is **easier** than **that book.**
    ○○○○○

04. This car is **not faster** than **mine.** ○○○○○

05. Lucy is **not more beautiful than Rose.**
    ○○○○○

06. Rachel is **not** the **tallest** (in **her class**).
    ○○○○○

07. **Who** is the **most intelligent person** (in your class)?
    ○○○○○

08. Is Lucy **more beautiful** than **Rose?** ○○○○○

09. Is Rachel the **tallest** (in **her class**)? ○○○○○

10. This is the **best movie** (I've **ever watched**).
    ○○○○○

Is this **sofa more comfortable** than that **one?**

11. **No,** that **sofa** is **more comfortable.**
○ ○ ○ ○ ○

12. (This street is) **more crowded** than the **other street.**
○ ○ ○ ○ ○

13. This is the **most expensive coat** (I've **ever bought).**
○ ○ ○ ○ ○

14. (**Finding** a **job**) is **harder** than (**I thought**).
○ ○ ○ ○ ○

15. (**Sending** a **package**) by **ship** is **not cheaper.**
○ ○ ○ ○ ○

16. This is the **most expensive wine** (I've **ever tried**).
○ ○ ○ ○ ○

17. **This project** is **taking longer** than (we **expected**).
○ ○ ○ ○ ○

18. This is **the most detailed report** (I've **ever written**).
○ ○ ○ ○ ○

19. This is the **most beautiful city** (I've **ever visited**).
○ ○ ○ ○ ○

20. His presentation was **more persuasive** than the **others.**
○ ○ ○ ○ ○

일상 대화 속에서 말의 흐름을 따라가며 영어 발음 튜닝 팁을 생각하며 연습해 보세요.

 Hi ,Tom. I went to Hanla Mountain yesterday.
안녕, 톰. 난 어제 한라산에 다녀왔어.

 Oh, you did? Why?
오, 진짜? 왜?

 Because I had a family meeting in Jeju and Jeju was really warm.
왜냐면 제주도에 가족 모임이 있었고 날씨가 매우 따뜻했어.

 Oh, is Hanla Mountain high?
한라산 높아?

 Hanla Mountain is the highest one I've ever been to. But going up to the Hanla Mountain was not easy.
한라산은 내가 여태까지 가 본 산 주에 제일 높아. 근데 한라산을 오르는 것은 쉽지 않았어.

 How long did it take?
얼마 정도 걸렸어?

It took about 6 hours. And there were so many tourists in Hanla Mountain.

6시간 정도 걸렸어. 그리고 한라산엔 관광객이 엄청 많았어.

 Alright. Jeju is so fantastic island. You know what? I've been three times.

알았어. 제주는 정말 환상적인 섬이야. 그거 알아? 나 3번이나 갔다 왔어.

 Oh, yeah. Then, have you ever been to Hanla Mountain before?

대단하다. 한라산에 가본 적은 있어?

 No, I don't like hiking. I just enjoyed the food.

아니, 난 등산을 싫어하거든. 그냥 음식이 맛있었어.

 I think you need to lose your weight for your health. I know you're not fat but for your health, you have to workout eveyday.

넌 건강을 위해 살을 좀 빼야 할 것 같아. 뚱뚱하지 않다는 걸 알지만 그래도 건강을 위해 매일 운동을 해야 해.

 Okay I will, thank you. And I will go to gym everyday next year.

알아, 고마워. 그렇게. 내년부터는 매일 헬스장을 갈 거야.

단어 배우기

Enjoy the food 음식을 즐기다
Workout 운동하다

Lose weight 살을 빼다
Go to gym 헬스장에 가다

원어민들의 롤플레이를 듣고, 빈칸에 들어갈 말을 완성해 보세요.

안녕, 톰. 난 어제 한라산에 다녀왔어.

Oh, you did? Why?
오, 진짜? 왜?

왜냐면 제주도에 가족 모임이 있었고 날씨가 매우 따뜻했어.

Oh, is Hanla Mountain high?
한라산 높아?

한라산은 내가 여태까지 가 본 산 주에 제일 높아. 근데 한라산을 오르는 것은 쉽지 않았어.

How long did it take?
얼마 정도 걸렸어?

6시간 정도 걸렸어. 그리고 한라산엔 관광객이 엄청 많았어.

Alright. Jeju is so fantastic island. You know what? I've been three times.

알았어. 제주는 정말 환상적인 섬이야. 그거 알아? 나 3번이나 갔다 왔어.

대단하다. 한라산에 가본 적은 있어?

No, I don't like hiking. I just enjoyed the food.

아니, 난 등산을 싫어하거든. 그냥 음식이 맛있었어.

넌 건강을 위해 살을 좀 빼야 할 것 같아. 뚱뚱하지 않다는 걸 알지만 그래도 건강을 위해 매일 운동을 해야 해.

Okay I will, thank you. And I will go to gym everyday next year.

알아, 고마워. 그렇게. 내년부터는 매일 헬스장을 갈 거야.

다음은 비교급,최상급 패턴이 활용된 이야기입니다.
데니얼 선생님의 쉐도잉 영상을 참고하여 따라 읽어보세요.

Yesterday, Lisa and her friend John went to the park. Lisa said, "This park is bigger than the one near my house." John agreed, saying, "Yes, and the trees here are taller than the ones at my local park." They both liked the park because it was much more peaceful than other places they had visited.

Later, they saw three kids playing soccer. John said, "That boy is the fastest player on the field." Lisa added, "Yes, and he's also the best at passing the ball." They watched for a while, amazed at how skilled the players were. The boy they watched was clearly better than the others. After enjoying the day, Lisa said, "This is the nicest park I've ever been to." John nodded, agreeing that it was the most beautiful place they had visited in a long time. They both decided to come back next weekend to relax and enjoy the scenery again.

해석하기

어제, 리사와 그녀의 친구 존은 공원에 갔습니다. 리사가 말했습니다, "이 공원은 우리 집 근처 공원보다 더 커." 존도 동의하며 말했습니다, "응, 그리고 여기 나무들이 우리 동네 공원의 나무들보다 더 높아." 그들은 이 공원이 그들이 가본 다른 곳들보다 훨씬 더 평화롭다고 생각했습니다.

나중에, 그들은 세 명의 아이들이 축구를 하는 것을 보았습니다. 존이 말했습니다, "저 소년이 필드에서 가장 빠른 선수야." 리사가 덧붙였습니다, "응, 그리고 그는 공을 패스하는 데에도 가장 잘해." 그들은 선수들의 뛰어난 기술에 놀라며 잠시 지켜보았습니다. 그들이 지켜본 소년은 분명 다른 아이들보다 더 잘했습니다.

하루를 즐긴 후, 리사가 말했습니다, "이 공원은 내가 가 본 공원 중 가장 멋진 곳이야." 존도 고개를 끄덕이며, 그곳이 그들이 오랜만에 방문한 가장 아름다운 장소라고 동의했습니다. 그들은 다음 주말에 다시 와서 경치를 즐기기로 했습니다.

표현 말하기

More peaceful than
- 더 평화로운

Better than
- 더 나은, 더 잘하는

MEMO

MEMO

MEMO

MEMO

MEMO

귀와 입이 열리는

영어
말하기

성동일 지음

S 시원스쿨닷컴

부록

실력체크

한국어 뜻을 보고 떠오르는 문장을 말해보세요. 오른쪽의 모법 답안과 비교하여 정확도를 체크해 보세요.

- [ ] 01. 나는 매일 에너지가 넘친다.
- [ ] 02. 나는 여기 있다.
- [ ] 03. 제인은 매우 화가 나 있다.
- [ ] 04. 그는 왜 매일 늦는가?
- [ ] 05. 그는 오늘 휴가 중이지만, 그녀는 그렇지 않다.
- [ ] 06. 너는 왜 행복한가?
- [ ] 07. 너는 몇 살이니?
- [ ] 08. 너는 어디 출신이니?
- [ ] 09. 너는 키가 얼마나 되니?
- [ ] 10. 오늘은 춥지 않다.
- [ ] 11. 우리 집에 소파가 하나 있다. 그것은 매우 작다.
- [ ] 12. 그녀의 차에는 좌석이 4개 있다. 그녀의 차는 매우 크다.
- [ ] 13. 컵 안에 물이 없다. 나는 목이 마르다.
- [ ] 14. A: 이 근처에 좋은 아파트가 있나요?
      B: 네, 많이 있어요.
- [ ] 15. 내 인생에 많은 문제가 있다. 그래서 나는 매우 바쁘다.
- [ ] 16. 내 나라에는 아름다운 곳이 많다. 하지만 내 동네에는 없다.
- [ ] 17. A: 그들의 집에는 방이 몇 개 있나요?
      B: 그들의 집에는 방이 5개 있다.
- [ ] 18. 내 컴퓨터에는 그 프로젝트에 대한 정보가 없다. 하지만 그녀의 컴퓨터에는 많다.
- [ ] 19. A: 냉장고에 달걀이 몇 개 있나요?
      B: 냉장고에 달걀은 없지만 우유가 조금 있다.
- [ ] 20. A: 당신의 가족은 몇 명인가요?
      B: 우리 가족은 6명이다.

정답을 확인하고 한 번 더 크게 읽어 보세요.

01. I'm full of energy every day.

02. I'm here.

03. Jane is very angry.

04. Why is he late every day?

05. He is on vacation today, but she's not.

06. Why are you happy?

07. How old are you?

08. Where are you from?

09. How tall are you?

10. It's not cold today /Today is not cold.

11. There is a sofa in my house. It is very/too small.

12. There are 4 seats in her car. Her car is very big.

13. There is no water in the cup. I'm thirsty.

14. A: Are there any good apartments (around) here?
     B: Yes, there are many.

15. There are many problems in my life. So, I'm very busy.

16. There are many beautiful places in my country. But not in my neighborhood.

17. A: How many rooms are there in their house?
     B: There are 5 rooms in their house.

18. There is no information about the project on my computer. But there's a lot on her computer.

19. A: How many eggs are there in the fridge?
     B: There are no eggs in the fridge but some milk.

20. A: How many people are there in your family?
     B: There are 6 people in my family.

한국어 뜻을 보고 떠오르는 문장을 말해보세요. 오른쪽의 모범 답안과 비교하여 정확도를 체크해 보세요.

- ☐ 01. 오늘 당신이 매우 바쁘다면, 택시를 탈 수 있습니다.
- ☐ 02. 그는 오늘 일찍 집에 갈 수 있다. 오늘은 그의 아내의 생일이다.
- ☐ 03. 그녀는 몇 개의 언어를 할 수 있나요?
- ☐ 04. 오늘 일찍 집에 갈 수 있나요? 저는 아파요.
- ☐ 05. 나는 술을 마실 수 없다. 나는 술에 알레르기가 있기 때문이다.
- ☐ 06. 여기 앉아도 되나요?
- ☐ 07. 우리는 자전거를 탈 수 있지만, 그들은 못 탄다.
- ☐ 08. 당신은 내 차를 운전할 수 있다. 왜냐하면 당신은 운전을 잘하기 때문이다.
- ☐ 09. 우리는 그 아파트를 살 수 없다. 우리는 부자가 아니기 때문이다.
- ☐ 10. 그는 내일 일찍 일어날 수 있다. 중요한 회의가 있기 때문이다.
- ☐ 11. A: 이 책은 누구의 것이죠?   B: 그것은 그의 책입니다.
- ☐ 12. A: 이 차는 누구의 것이죠?   B: 그것은 제 아버지의 차입니다.
- ☐ 13. A: 이 모자는 누구의 것이죠?   B: 그것은 그녀의 모자입니다.
- ☐ 14. A: 이 열쇠는 누구의 것이죠?   B: 그것은 제 열쇠입니다.
- ☐ 15. A: 이 개는 누구의 것이죠?   B: 그것은 우리 이웃의 개입니다.
- ☐ 16. A: 이 가방은 누구의 것이죠?   B: 그것은 그의 가방입니다.
- ☐ 17. A: 이 안경은 누구의 것이죠?   B: 그것은 할머니의 안경입니다.
- ☐ 18. A: 이 연필은 누구의 것이죠?   B: 그것은 제 여동생의 연필입니다.
- ☐ 19. A: 이 시계는 누구의 것이죠?   B: 그것은 그의 시계입니다.
- ☐ 20. A: 이 접시는 누구의 것이죠?   B: 그것은 그녀의 접시입니다.

정답을 확인하고 한 번 더 크게 읽어 보세요.

01. If you are very busy today, you can take the taxi.
02. He can go home early today. It's his wife's birthday today.
03. How many languages can she speak?
04. Can I go home early today? I'm sick.
05. I can't drink alcohol. Because I'm allergic to alcohol.
06. Can I sit here?
07. We can ride bicycles, but they can't.
08. You can drive my car. Because you are a good driver.
09. We can't buy that apartment. Because we're not rich.
10. He can wake up early tomorrow. Because there is an important meeting.
11. A: Whose book is it?   B: It's his book.
12. A: Whose car is it?   B: It's my father's car.
13. A: Whose hat is it?   B: It's her hat.
14. A: Whose key is it?   B: It's my key.
15. A: Whose dog is it?   B: It's our neighbor's dog.
16. A: Whose bag is it?   B: It's his bag.
17. A: Whose glasses are they?   B: They're grandmother glasses.
18. A: Whose pencil is it?   B: It's my sister's pencil.
19. A: Whose watch is it?   B: It's his watch.
20. A: Whose plate is it?   B: It's her plate.

한국어 뜻을 보고 떠오르는 문장을 말해보세요. 오른쪽의 모범 답안과 비교하여 정확도를 체크해 보세요.

- [ ] **01.** 저는 커피 한 잔을 원합니다.
- [ ] **02.** 저는 물 한 잔을 원합니다.
- [ ] **03.** 스테이크를 드시겠습니까?
- [ ] **04.** 스테이크를 어떻게 요리해 드릴까요?
- [ ] **05.** 샐러드에 드레싱을 원하시나요?
- [ ] **06.** 어떤 샐러드 드레싱을 원하시나요?
- [ ] **07.** 저는 신발 한 켤레를 원합니다.
- [ ] **08.** 어떤 브랜드를 원하시나요?
- [ ] **09.** 어떤 색을 원하시나요?
- [ ] **10.** 사이즈는 어떻게 되세요?
- [ ] **11.** 왜 너는 매일 아침 식사를 거르니?
- [ ] **12.** 우리는 매일 영어 공부를 하지 않지만, 일주일에 두 번 영어 공부를 한다.
- [ ] **13.** 그들은 대학교 학생이라서 10시에 학교에 간다.
- [ ] **14.** 톰은 일본에 살기 때문에 일본어를 열심히 공부한다.
- [ ] **15.** 나는 매일 아침 책을 읽고 산책을 하지만, 일요일에는 하지 않는다.
- [ ] **16.** 그녀는 왜 매일 헬스장에 가나요? 그녀는 아주 건강하다.
- [ ] **17.** 너는 친구들을 매일 만난다. 너는 시간이 많니?
- [ ] **18.** 그는 왜 매일 축구를 하나요? 그는 의사 아닌가요?
- [ ] **19.** 그는 매우 바쁘지만, 매일 아들과 시간을 보낸다. 그는 좋은 아버지다.
- [ ] **20.** 그녀는 왜 부자인가요? 그녀는 직업도 없고 매일 아무것도 하지 않아요.

정답을 확인하고 한 번 더 크게 읽어 보세요.

01. I'd like a cup of coffee.

02. I'd like a glass of water.

03. Would you like a steak?

04. How would you like your steak?

05. Would you like dressing on your salad?

06. Which salad dressing would you like?

07. I'd like a pair of shoes.

08. Which brand would you like?

09. What color would you like?

10. What size are you?

11. Why do you skip breakfast every day?

12. We don't study English every day but we study English twice a week.

13. They go to school at 10 o'clock because they are university students.

14. Tom studies Japanese hard because he lives in Japan.

15. I read and take a walk every morning but not on Sundays.

16. Why does she go to gym every day? She's very healthy.

17. You meet your friends every day. Do you have a lot of time?

18. Why does he play soccer every day? Isn't he a doctor?

19. He's very busy but he spends time with his son every day. He's a good father.

20. Why is she rich? She has no job. She does nothing every day.

한국어 뜻을 보고 떠오르는 문장을 말해보세요. 오른쪽의 모범 답안과 비교하여 정확도를 체크해 보세요.

- [ ] 01. 나는 새로운 프로젝트를 시작하고 있다.
- [ ] 02. 그는 이번 주에 일하지 않는다. 그는 휴가 중이다.
- [ ] 03. 너는 지금 무엇을 읽고 있니?
- [ ] 04. 우리는 내일 새 집으로 이사한다.
- [ ] 05. 그녀는 새로운 언어를 배우고 있다.
- [ ] 06. 그들은 오늘 밤 영화를 보러 가지 않는다.
- [ ] 07. 너는 왜 오늘 학교에 가지 않니?
- [ ] 08. 우리는 뉴욕에 가고 있다.
- [ ] 09. 그녀는 이번 주말에 가족을 방문하지 않는다.
- [ ] 10. 나는 파티에 절대 가지 않을 것이다.
- [ ] 11. 그는 항상 행복하다. 왜냐하면 그는 긍정적이기 때문이다.
- [ ] 12. 그들은 절대 초콜릿을 먹지 않는다. 왜냐하면 초콜릿을 싫어하기 때문이다.
- [ ] 13. 나는 매일 아침 보통 물을 마신다. 너는 보통 언제 물을 마시니?
- [ ] 14. 휴가 때 너는 보통 무엇을 하니?
- [ ] 15. 그는 자주 여행을 가니?
- [ ] 16. 그들은 보통 7시에 퇴근한다.
- [ ] 17. 우리는 자주 사업 때문에 미국에 간다.
- [ ] 18. 나는 일주일에 한 번 집을 청소한다.
- [ ] 19. 그들은 그녀의 차를 1년에 10번 세차한다.
- [ ] 20. 우리 아버지는 일주일에 두 번 차를 세차하신다.

정답을 확인하고 한 번 더 크게 읽어 보세요.

01. I'm starting a new project.
02. He's not working this week. He's on vacation.
03. What are you reading now?
04. We are moving to a new house tomorrow.
05. She's learning a new language.
06. They're not going to movies tonight.
07. Why are you not going to school today?
08. We're going to New York.
09. She's not visiting her family this weekend.
10. I am definitely not going to the party.
11. He's always happy because he's positive.
12. They never eat chocolate because they hate it.
13. I usually drink water every morning. When do you usually drink water?
14. What do you usually do on vacation?
15. Does he often travel?
16. They usually get off at 7.
17. We often go to America for business.
18. I clean my house once a week.
19. They wash her car 10 times a year.
20. My father washes his car twice a week.

한국어 뜻을 보고 떠오르는 문장을 말해보세요. 오른쪽의 모범 답안과 비교하여 정확도를 체크해 보세요.

- ☐ 01. 나는 10년 전에는 학생이었지만 지금은 아니다.
- ☐ 02. 그녀는 어제 행복했지만 오늘은 슬프다. 오늘은 월요일이기 때문이다.
- ☐ 03. 나는 어제 출장으로 뉴욕에 있었다.
- ☐ 04. 어제 일본에서 지진이 있었다.
- ☐ 05. 너는 왜 어제 잭의 집에 있었니? 잭의 집에서 파티가 있었기 때문이다.
- ☐ 06. 2002년에는 우리 집에 방이 여섯 개 있었지만 지금은 세 개다.
- ☐ 07. 너는 어제 3시에 무엇을 하고 있었니?
- ☐ 08. 너는 왜 어제 일하고 있었니? 어제는 일요일이었잖아.
- ☐ 09. 그들은 어제 왜 제주에 가고 있었니?
- ☐ 10. 그들은 어제 어디에 있었니? 어제는 쉬는 날이었다.
- ☐ 11. 그들은 어제 왜 미국에 갔나요? 나는 오늘 혼자 일을 할 수 없어요.
- ☐ 12. 그는 지난주에 학교에 가지 않았다.
- ☐ 13. 우리 가족은 어제 래프팅을 즐겼다.
- ☐ 14. 우리는 어제 저녁으로 소고기를 먹었다.
- ☐ 15. 나는 어제 약을 먹지 않았다.
- ☐ 16. 그녀는 어제 약을 먹었나요?
- ☐ 17. 우리가 2주 전에 함께 커피를 마셨나요?
- ☐ 18. 우리는 작년에 새 집으로 이사했다.
- ☐ 19. 그는 어제 친구들과 축구를 했다.
- ☐ 20. 그녀는 지난 주말에 책을 읽었다.

정답을 확인하고 한 번 더 크게 읽어 보세요.

01. I was a student 10 years ago but not now.

02. She was happy yesterday but she's sad today.
    Because it's Monday today.

03. I was in New York yesterday for business.

04. There was an earthquake in Japan yesterday.

05. Why were you at Jack's house yesterday? Because there was a party at Jack's house.

06. In 2002 there were six rooms in my house.
    But three now.

07. What were you doing at 3 yesterday?

08. Why were you working yesterday? It was Sunday yesterday.

09. Why were they going to Jeju yesterday?

10. Where were they yesterday? It was a day off.

11. Why did they go to America yesterday? I can't work alone today.

12. He didn't go to school last week.

13. My family enjoyed rafting yesterday.

14. We had beef for dinner yesterday.

15. I didn't take medicine yesterday.

16. Did she take medicine yesterday?

17. Did we have coffee together two weeks ago?

18. We moved to a new house last year.

19. He played soccer with his friends yesterday.

20. She read a book last weekend.

한국어 뜻을 보고 떠오르는 문장을 말해보세요. 오른쪽의 모범 답안과 비교하여 정확도를 체크해 보세요.

- ☐ 01. 그들의 집에는 먹을 것이 많다.
- ☐ 02. 그는 약간의 돈이 있지만, 나는 거의 돈이 없다.
- ☐ 03. 그들의 병에는 물이 얼마나 있나요?
- ☐ 04. 우리 집에는 사람이 거의 없다.
- ☐ 05. 나는 책이 많다.
- ☐ 06. 그녀는 시간이 많지 않다. 그녀는 시간이 거의 없다.
- ☐ 07. 그녀는 친구가 몇 명 있다.
- ☐ 08. 그녀는 친구가 몇 명 있다.
- ☐ 09. 우리는 약간의 도움이 필요하다.
- ☐ 10. 우리는 도움이 필요하다.
- ☐ 11. 나는 내년에 유럽으로 여행할 것이다.
- ☐ 12. 그는 내일 중요한 발표를 할 것이다.
- ☐ 13. 우리는 곧 새로운 프로젝트를 시작할 것이다.
- ☐ 14. 그들은 다음 주에 이사하지 않을 것이다.
- ☐ 15. 나는 그 문제를 해결하지 않을 것이다.
- ☐ 16. 그녀는 오늘 밤 그 파티에 참석하지 않을 것이다.
- ☐ 17. 너는 그 회의에 참석할 건가요?
- ☐ 18. 그는 그 보고서를 쓸 건가요?
- ☐ 19. 우리는 프로젝트를 제시간에 완료할 수 있을까요?
- ☐ 20. 너는 그 새로운 소프트웨어를 사용할 건가요?

정답을 확인하고 한 번 더 크게 읽어 보세요.

01. There are a lot of things to eat in their house.

02. He has a little money, but I have little money.

03. How much water is there in their bottle?

04. There are few people in our house.

05. I have many books. / I have a lot of books.

06. She doesn't have much time. She has little time.

07. She has a few friends.

08. She has some friends.

09. We need a little help.

10. We need some help.

11. I'll travel to Europe next year.

12. He'll give an important presentation tomorrow.

13. We'll start a new project soon.

14. They won't move next week.

15. I won't solve that problem.

16. She won't attend that party tonight.

17. Will you attend the meeting?

18. Will he write the report?

19. Will we be able to complete the project on time?

20. Will you use the new software?

한국어 뜻을 보고 떠오르는 문장을 말해보세요. 오른쪽의 모범 답안과 비교하여 정확도를 체크해 보세요.

- ☐ 01. 내가 미국에 있었을 때, 나는 다양한 경험을 했다.
- ☐ 02. 그들은 운동할 때 물을 마시지 않는다.
- ☐ 03. 나는 TV를 볼 때 행복하다.
- ☐ 04. 그들은 게임을 할 때 음식을 먹지 않는다.
- ☐ 05. 우리가 홍콩에 있었을 때, 우리는 그 호텔에 머물렀다
- ☐ 06. 내가 밖에 나갔을 때, 비가 내리고 있었다.
- ☐ 07. 너는 피곤할 때 운전하지 않는다.
- ☐ 08. 나는 공부할 때 음악을 듣는다.
- ☐ 09. 그녀는 요리할 때 노래를 부른다.
- ☐ 10. 우리는 휴가 중일 때 조깅을 한다.
- ☐ 11. 그는 내일 일찍 일어나야 한다.
- ☐ 12. 그녀는 오늘 그 프로젝트를 끝내야 하나요?
- ☐ 13. 나는 일찍 출근해야 한다.
- ☐ 14. 그녀는 방을 청소할 필요가 없다.
- ☐ 15. 당신은 이 메시지에 답해야 한다.
- ☐ 16. 내가 사무실까지 걸어가야 하나요?
- ☐ 17. 사람들은 매일 물을 마셔야 한다.
- ☐ 18. 우리는 다음 주까지 이 프로젝트를 완료해야 한다.
- ☐ 19. 그는 그 발표를 준비해야 한다.
- ☐ 20. 당신이 바쁘면 회의에 갈 필요는 없다.

정답을 확인하고 한 번 더 크게 읽어 보세요.

01. When I was in the United States, I had various experiences.
02. They don't drink water when they work out.
03. I'm happy when I watch TV.
04. They don't eat food when they play games.
05. When we were in Hong Kong, we stayed at that hotel.
06. When I went out, it was raining.
07. You don't drive when you're tired.
08. I listen to music when I study.
09. She sings when she cooks.
10. We go jogging when we're on vacation.
11. He has to wake up early tomorrow.
12. Does she have to finish the project today?
13. I have to go to work early.
14. She doesn't have to clean the room.
15. You have to reply to this message.
16. Do I have to walk to the office?
17. People have to drink water every day.
18. We have to complete this project by next week.
19. He has to prepare the presentation.
20. You don't have to go to the meeting if you're busy.

한국어 뜻을 보고 떠오르는 문장을 말해보세요. 오른쪽의 모범 답안과 비교하여 정확도를 체크해 보세요.

- ☐ 01. 나는 부산에 가본 적이 없다.
- ☐ 02. 그는 결혼한 지 얼마나 되었나요?
- ☐ 03. 그녀는 여기서 5년 동안 일했다. 그녀는 매우 성실하다.
- ☐ 04. 우리는 비행에 대한 두려움이 있어서 일본에 가본 적이 없다
- ☐ 05. 마실 것 좀 있나요?
- ☐ 06. 나는 할 일이 없다.
- ☐ 07. 나는 돈을 벌기 위해 일한다.
- ☐ 08. 이것은 내가 작성한 보고서 중 가장 자세한 보고서이다.
- ☐ 09. 이것은 내가 방문한 도시 중 가장 아름다운 도시다.
- ☐ 10. 그의 발표는 다른 사람들보다 더 설득력 있었다.
- ☐ 11. 너희는 얼마나 오래 만났니?
- ☐ 12. 우리는 10년 동안 만났다.
- ☐ 13. 그는 내가 만난 사람 중 가장 훌륭한 사람이다.
- ☐ 14. 그녀는 친구를 만나기 위해 뉴욕에 갈 것이다.
- ☐ 15. 나는 내가 원하는 일을 하기 위해 이 직업에 지원한다.
- ☐ 16. 나는 시험에 합격하기 위해 열심히 공부했다.
- ☐ 17. A: 이 소파가 저 소파보다 더 편안한가요?
  B: 아니요, 저 소파가 더 편안해요.
- ☐ 18. 이 거리는 다른 거리보다 더 붐빈다.
- ☐ 19. 이것은 내가 사본 코트 중 가장 비싼 코트다.
- ☐ 20. 직업을 찾는 것은 내가 생각했던 것보다 더 어렵다.

정답을 확인하고 한 번 더 크게 읽어 보세요.

01. I've never been to Busan before.
02. How long has he been married?
03. She's worked here for 5 years. She's very diligent.
04. We've never been to Japan before because we have a fear of flight.
05. Do you have something to drink?
06. I have nothing to do.
07. I work to make money.
08. This is the most detailed report I've ever written.
09. This is the most beautiful city I've ever visited.
10. His presentation was more persuasive than the others.
11. How long have you met?
12. We've met for 10 years.
13. He's the greatest person I've ever met.
14. She'll go to New York to see her friend.
15. I apply for this job to do what I want.
16. I studied hard to pass the exam.
17. Is this sofa more comfortable than that one? No, that sofa is more comfortable.
18. This street is more crowded than the other street.
19. This is the most expensive coat I've ever bought.
20. Finding a job is harder than I thought.

MEMO

MEMO

MEMO

MEMO

MEMO

MEMO